ちくま新書

ガンディーの真実
——非暴力思想とは何か

間 永次郎
Hazama Eijiro

1750

ガンディーの真実

——非暴力思想とは何か

【目次】

はじめに――非暴力思想とは何か

†あるジャーナリストの「困惑」

「非暴力」という言葉で私たちは何をイメージするだろうか。日本語では言葉の通り、「非」という否定形接頭辞に「暴力」がつき、最も一般的には「暴力を用いないこと」を意味する（『広辞苑』、『日本国語大辞典』）。日本語の非暴力は、英語の non-violence の訳語として一九六〇年代頃に人口に膾炙した言葉であるが、英語でも主に「暴力の使用（the use of violence）を回避した原理や実践」や「力（force）によらない方法」を意味する（『オックスフォード英語辞典』、『オックスフォード現代英英辞典』）。この言葉は今日、国内外を問わず、日常的な用語として私たちの社会で幅広く用いられている。

私たちはあたかも、この非暴力という言葉が古今東西から普遍的に存在していたように思いがちである。だが、その語源は極めて新しく、歴史上で最初に非暴力（つまり、英語の non-violence）という言葉を明確な意図をもって造語した人物は、イギリス人でもアメリカ人でもなく、英語を母語としないインド人のM・K・ガンディー（一八六九―一九四八）であった。

ガンディーが非暴力という言葉を使い出したのは、四〇代後半の年齢で独立運動家としての地位を確立し、インドで反英闘争を開始した一九一九年からであった。ここで留意すべき点は、生前に彼によって提唱されていた非暴力という言葉の意味は、現在、私たちの社会で日常的に用いられている意味とは大きく異なっていたということである。

左の頁に掲載している絵画と写真を見て欲しい。これは、ガンディーが指導した非暴力運動として最も有名な一九三〇年の「塩の行進」の一場面である。塩の行進とは、大英帝国によるインドの植民地支配の象徴と考えられた塩税法（高額な税を課すことでインド人に自由な製塩を禁じた法律）を、ガンディーに従った一万人以上のインド人が自発的に破って一斉に亜大陸の海岸沿いで製塩活動を行った大衆的抗議行動である。

この行進の中でも一番の盛り上がりを見せたのは、グジャラート地方南部の沿岸付近にあるダラーサナーという町の製塩工場の前で、ガンディーに権限を委託された女性指導者のサロージニー・ナーイドゥー（絵画で先頭に立つ人物）の指揮下に行われた二五〇〇人の非武装男性による抗議行動であった。ナーイドゥーに率いられたこれらの行進者は、鉄の石突きの付いた棍棒《ラーティー》を持って工場の前で立ちはだかる警官の存在を意にも介さず、規律正しく列をなして、製塩を行うために工場の中に入ろうと前進していった。

サロージニー・ナーイドゥーが率いるデモ行進の様子（1930年5月21日、ダラーサナーの製塩所の前にて）
上／1940年代に描かれたバザール・アート（コロンビア大学のFrances W. Pritchett名誉教授の厚意による）
下／『グジャラート・サマーチャール』紙2019年6月30日号掲載

最初の隊列が警官の前まで来た時、警官は彼らに襲い掛かり、棍棒で殴りつけた。殴られた人々は、骨を折り、血を滲ませて失神して倒れたり、衝撃を受けて地上で手足をばたつかせたりした。脳天が割れて死んだ者もいた。それでも殴られて地に臥したと思ったら、次の隊列が寡黙を守ったままやって来て、警官の棍棒の雨になされるがままとなった。この隊列も倒れると、すぐに次の隊列がやってくるという具合に、打擲・転倒・行進のサイクルが絶え間なく続いたのであった。

この時の様子を直に目撃したUP通信社の著名なジャーナリストであるウェッブ・ミラーは、電報通信機のもとに走っていき、その場のリアルタイムの状況を、興奮混じりに『ニューヨーク・テレグラム』紙（一九三〇年六月二二日報道）に伝えた。

私はこれまで二二カ国で一八年間レポートをしてきて、無数の民衆の反乱・暴動・市街戦・謀反を目撃してきたが、ダラーサナーにおけるほど心を揺さぶる光景を目撃したことがない。それは驚愕すべきものであり、暴力に対して暴力で応じること、つまり殴られたらやり返すことを見ることに慣れ親しんだ私たち西洋人の心を困惑させるものだった。

さらに、数年後に出版されたミラーの自伝（『ある特派員の記事』一九三六年）でも、彼は次のように回想している。

誰もが数分で打ちのめされ、もしかすると殺されるかもしれないことを知っていたが、そこには躊躇したり怯えたりする様子は全く見られなかった。［……］警官が駆けつけて次々と機械的に隊列を打ちのめした。そこにあったものは戦いでも闘争でもなかった。行進者たちはただ叩きつけられ、倒れるまで前進を続けるだけだった。

ミラーは、この時にかつて味わったことのない奇妙な感情を抱いたと告白している。ミラー曰く、この行進者たちは「幽霊にでも取りつかれたような」目をしており、それは一見彼がこれまで他国で目撃してきた軍事的ナショナリストの狂信と似ているようにも思えた。しかしながら、それらとは明らかに違うものがあった。それはガンディーの従者たちが、誰一人、相手を傷つけていないことであった。軍事的ナショナリストも非暴力行進者も、時に自らの命を賭して、目的や大義を達成しようとする点で共通していた。だが、前者が敵対者の命を犠牲にするのに対して、後者は対峙する相手の命を奪うことはなかった。「敵」に命がけで抵抗しながらも「敵」を決して殺さない。この不思議な光景を前に、ミラーは心底「困惑」したのだった。それは、単なる「暴力を用いないこと」や「力によらない方法」といった言葉では言い尽くすことのできない強烈な印象をミラーに焼き付けた。行進者の瞳孔の中にうかがわれたのは、天地が逆転しようとも、自らの信じる「真実」に忠実であろうとする不屈の意志であった。

イギリスが一八八二年に制定した塩税法の廃止を求めるガンディーの抗議は、運動が始まった最初の段階では、イギリス人の為政者から一笑に付されたという。また、軍の配備や武器の調達こそ、反英闘争に不可欠であると考えていたインド人独立運動家の多くは、なぜガンディーが、塩というどこにでもある日用品を政治的な争点としたのか理解できず、その効果を疑った。しかしながら、ガンディーを先頭にわずか七九人で開始された非武装の行進は、日が経つにつれて規模が拡大し、三週間後には、彼らの後ろに一万二〇〇〇人のインド人が従っていた。さらに、新聞やラジオなどのマスメディアの力も追い風となって、運動の余波はインド全土に波及し、最終的に数百万人の人々が集団ストライキ・ボイコットに参加するに至った。イギリス政府は、もはや状況が深刻な国家レベルの危機であることを認めざるを得ず、警官・兵士を派遣して、運動参加者に対する無条件の逮捕を命じた。

全てのインド人の家庭の台所にある塩というありふれた調味料（インドでは台所は一般的に女性のテリトリーとされる）を争点とした闘争は、誰も予期しない形で急速に拡大し、インドの老若男女、特に識字能力を持たない大多数の農民たちの想像力を掻き立て、彼らの心に火を付けたのだった。いみじくも著名な政治学者のデニス・ダルトンは、塩の行進を「近代インド史上、最もドラマティックな出来事の一つ」(『マハートマー・ガンディー』一九九三年)と表現している。

人々の感情と理性の最も深い部分、それをヒンドゥー教の伝統においては、「魂」(サンスクリット語では「アートマン」あるいは「アートマー」)と呼ぶが、塩の行進の最高指導者であるガンディーは、まさに人々(特に国内で脇へ追いやられていた人々)の魂に訴えかける術にすこぶる長けていた。奇しくもガンディーは、インドで「偉大なる魂を持つ者」を意味する「マハートマー」という尊称で呼ばれた(「マハー」は「偉大なる」で「アートマー」は「魂」の意)。

二〇世紀に提唱されたガンディーの非暴力の思想は、没後、無数の政治家や社会活動家にインスピレーションを与えた。最も有名なところでは、マルティン・ルター・キング・ジュニアの公民権運動、南アフリカの反アパルトヘイト運動、アウンサンスーチー率いるビルマの民主化運動、ダライ・ラマ一四世の思想・活動やセサール・チャベスの公民権運動など枚挙に暇がない。一人のインド人が率いた反植民地闘争の余波は、国境・文化・言語の壁を越えて、世界各地に伝搬したのであった。

いったい、ガンディーは非暴力の思想を、なぜ思いつき、またどのように作り出していったのか。また、彼の非暴力思想とは、私たちが日常的に認識している意味とかなり違うようであるが、その実相はいかなるものだったのか。そして、ガンディーの非暴力思想は、二一世紀に生きる現代の私たちに何を訴えかけるのか。

中高の世界史の教科書にも名が乗るほど著名なガンディーという人物であるが、実のところ、彼の中心思想である非暴力は、これまで多くの場合誤解されてきた。それは改めて分析され直し、再発掘・再考されなければならない。

†誤解されたガンディーの非暴力思想

まず、ガンディーの反英独立運動について学んだ者の多くに浮かぶ最初の率直な疑問は、「そもそもガンディーはなぜ非暴力の運動をやろうと思ったのか」、「よく非暴力で現実の政治が動かせると思ったものだな」、「結局、彼の非暴力って何だろう」といったものだろう。こうした疑問を考える上で、第一に重要なことは、逆説的に聞こえるかもしれないが、私たちが一旦、ガンディーの非暴力思想を吟味する上で、「非暴力」という言葉にとらわれるのをやめる必要があるということだ。冒頭で述べた通り、私たちは非暴力という言葉を語る時に、どうしても字義通りの「暴力を用いないこと」や「力によらない方法」といった意味を真っ先に連想してしまう。このようなイメージを持つことが、ガンディーの思想と運動の本質を理解することを妨げてしまうのである。

たとえば、自らの非暴力思想の意味を説明した最も有名な記事の一つである「剣の教義」

（一九二〇年）において、ガンディーは次のように述べている。

もし臆病か暴力のどちらかしか選択肢がないならば、私は疑いなく暴力を選ぶよう助言するでしょう。［……］私はインドが臆病な姿になって不名誉を被るのを大人しく見るぐらいならば、名誉を守るために武器を取るように勧めます。

また、ガンディー自身が刊行する週刊紙の一つである『神の民（ハリジャン）』（一九四六年二月一〇日号）に掲載された記事の中でも、次のようにガンディーが語ったことが記録されている。

最後に彼［＝ガンディー］は警告した。もし誰かがある人のところにやって来て、非暴力の誓いを交わしたために婦人たちの名誉を護れない［＝暴徒から護ることができない］と訴えるならば、容赦してはいけません。非暴力は決して臆病者の盾に用いられるべきではありません。それは勇者の武器です。そのような残虐行為を為す術もなく傍観するよりは暴力を用いて討ち死にした方が良いでしょう。

これらの言葉は、私たちに少なからぬ困惑を呼ぶ。ガンディーは生涯の中で、幾度となく、自らの「非暴力」の意味を無抵抗（厳密には「受動的抵抗（passive resistance）」）と混同されそうになった時、非暴力は「臆病」と異なることをはっきりと断言した。加えて、重要なポイントは、非暴力とはあらゆる力の否定とも異なるということである。

読者にとって最もショッキングな事実は、「平和の使徒」として有名なガンディーが生涯に四度も従軍していたことであろう。一回目と二回目が、南アフリカの第二次ボーア戦争（一八九九年）とアングロ・ズールー戦争（一九〇六年）であり、三回目と四回目が第一次世界大戦（一九一四年と一九一八年）であった。誤解を招かないように述べておくと、ガンディー自身は、戦地で決して武力を行使したり、人を殴ったり殺めたりしたことはない。だが、彼は南アフリカでは衛生看護部隊を率いてイギリス兵を介護し、第一次世界大戦中は一万二〇〇〇人のインド人兵士を戦場に派遣するための徴兵活動を行った。

さらに、私たちは非暴力という思想を、専ら政治的なものであると考えがちである。ガンディーの非暴力は歴史書の中でも、ほとんどの場合、反英独立運動の文脈でのみ言及される。しかしながら、ガンディー自身は、非暴力を食・衣服・性・宗教といった一般的に人々の私的なものとされる関心事にも繋がる主題として語っていた。

以下にこれらの主題（食・衣服・性・宗教）について、ガンディーが語っている言葉を引用したい。まず食についてだが、たとえば、ガンディーは「魚を食べる者」と「魚を与える者」（ようするに肉食）は「暴力を犯すことになりますか」という読者（ガンディーが刊行する週刊紙の読者）から受けた質問に対して次のように答えている。

どちらも暴力を犯すことになります。野菜を食する者も暴力を犯しています。世界はその本質において暴力的《ヒンサーマエ》なのです。肉体はそのような［不可避の］暴力の一部分として存在しています。このような状態の中で、非暴力の義務を果たさなければなりません。［……もし他人に菜食を］強要するような者がいれば、それは最も悪質な暴力となるでしょう。
［『神民の兄弟（ハリジャンバンドゥ）』紙一九四六年三月二四日号］

また、同じく自らが編集する週刊紙の中で、衣服、性、宗教についても次のように記した。

［衣服について］
グルカ族［ネパールの山岳民族］やパターン人［アフガニスタンの民族］が私たちを攻撃したからといって何だというのでしょう。当然ながら、私たちにとって、彼らの暴力の方が、現行政府［イギリス］が行使し続けてきた道徳的暴力や物理的暴力よりずっと扱い易いで

しょう。［……］インドは自国の人々が食べるのに十分な食料と衣服も生産することができます。もし私たちが依存心をもって外国人の貪欲さの虜になるならば、彼らの侵略の餌食となります。［『青年インド』紙一九二〇年一二月二九日号］

［性（欲）について］

私たちは単に動植物に対する慈悲《ジーヴァダヤー》を維持するだけでは、性欲や怒りなどに打ち勝つことができないことも、覚えておくべきです。それらの六つの心の敵［性欲・怒り・貪欲・心酔・高慢・虚偽］に打ち勝つためには、あらゆる人間に対する非暴力が有効です。それらの六つの心の敵に打ち勝ち、全人類に対する愛情を宿すような人がいれば、その人はたとえ肉食者であっても心からの敬意に値します。［『神民の兄弟』紙一九四〇年九月一四日号］

［宗教について］

ハーン・サーヘーブ［ガンディーが信頼を置く仲間］の非暴力の土台は聖なる『コーラン』です。彼は敬虔なムスリムです。［……］彼は一度も祈りを欠かしたことがなく、一度も断食を欠かしたことがありませんでした。しかしながら、ハーン・サーヘーブは他の宗教に対して完全な尊敬心を持っています。［『神民の兄弟』紙一九四〇年七月二〇日号］

このようにガンディーの非暴力は、単に政治的な抗議の方法としてのみ語られるものではなく、衣食住や宗教を含む公私を跨ぐ生活領域全体に及ぶ主題だったのである。

†サッティヤーグラハ＝真実にしがみつくこと

ガンディー自身の非暴力思想の意味を理解する上で、語の起源や思想の系譜を明確にすることは不可欠であろう。先に、ガンディーが英語の non-violence という言葉を最初に用いたのは一九一九年であったことを述べた。具体的には一九一九年四月一八日であり、この日はガンディーがインドで最初に行った全国規模の反英ボイコット・ストライキ運動が開始して二週間後に勃発した大衆暴動事件の直後であった。また、ガンディーは非暴力の語を、自国の言葉（故郷のグジャラート地方で話されるグジャラーティー語や、インドで最大の話者数を持つヒンディー語など）で、ヒンドゥー教・ジャイナ教・仏教で広く奉じられる「アヒンサー（不殺生）」というサンスクリット語由来の宗教概念でも説明したが、この言葉を政治運動で使用するようになったのは、一九一五年以降であった。

ガンディーが一九一九年から non-violence の語を、一九一五年からアヒンサーの語を、それぞれ活用し始めたという事実は、彼の生涯にある程度詳しい人ならば、驚かずにはいられないだろう。なぜなら、ガンディーはこの一九一九年あるいは一九一五年以前にも、すでに長期にわたる「非暴力」運動を行っていたはずだからである。ガンディーは四〇代後半からインドで政治活動を開始する前に、二三歳から四四歳までの二一年間にわたって南アフリカに滞在していたが、この地において、生涯最初の集団的不服従運動（一九〇六〜一四年）を行った。これはイギリス人とオランダ系移民（ボーア人）の白人統治下にあった南アフリカに住む在留インド人を対象とした有色人種差別法の撤廃を求める抗議運動であった。換言すれば、ガンディーは非暴力という言葉を使用する前に、少なくとも八年間の「非暴力」不服従運動を行っていたのであった。

それでは、非暴力という語が使用される以前の「非暴力」運動は、ガンディーによって何と呼ばれていたのだろうか。それははっきりとした名前を持っていた。それは「サッティヤーグラハ」である。この言葉は、サンスクリット語由来の言葉（「サッティヤ」と「アーグラハ」の結合語）で作られたガンディーの造語であるが、字義的に「真実（サッティヤ）にしがみつくこと（アーグラハ）」を意味する。つまり、先ほどの塩の行進でも見られたように、天地がひっくり返ろうとも、自らが「真実」だと思う信念に決して妥協を許さないという断固たる意志・実践が、その語の意味するところなのであった。

この「サッティヤーグラハ」という名称は、南アフリカ滞在期以降の全てのガンディーの非暴力運動、さらには彼の公私を跨ぐ人生の全活動の本質を示す概念としても使用されたのであった。そして、ガンディーはサッティヤーグラハ＝真実にしがみつくことは「必然的に（精神的な）力を生み出す」と説明している。ゆえに、サッティヤーグラハは「真実の力」や「魂の力」とも言われた。つまり、非暴力に対する「（あらゆる）力によらない方法」という辞書的な定義は、非暴力の語源や系譜を考慮しても間違っているのである。

†人間はどこまで真実にしがみつけるか？

本書の目的は、ガンディーの非暴力思想の意味を、このサッティヤーグラハの思想を手がかりに探究していくことにある。すなわち、「真実にしがみつくこと」が、ガンディーの非暴力の本質を表すと解釈する時、その思想がなぜ時に、暴力と非暴力の二項対立を超越するのか、なぜガンディーの非暴力は政治領域ではなく、食・衣服・性・宗教といった一般的に私的と考えられる領域にも及ぶのか、という問いに対する答えを得ることができるのである。まさに、サッティヤーグラハの思想を理解することは、ガンディーの思想全体を理解することに繋がりうる。

ガンディーは一九二五年に故郷の地方言語であるグジャラーティー語で記した『自伝（アートマ・カター――字義的には「魂の物語」の意）』に『真実の実験』という名前を付けた。ガンディーはその執筆目的を次のように語っている。

私は自伝という理由で、私が行った真実の実験の物語を書こうとしています。〔……〕もし私が単に理論、すなわち抽象的な話だけをしたいのであれば、この自伝を書くべきではありません。しかしながら、私はそれ〔真実〕に根差して行われた活動の歴史を伝えなければならないのであり、それゆえに私はこの試みに『真実の実験』という題をつけたのです。〔……〕私の心には真実こそが至高なのであり、それ〔真実〕には〔非暴力や自己統制などの〕無数の事柄も含まれます。〔『真実の実験あるいは自伝』──以下、『自伝』と略す〕

ガンディーの生涯をめぐる一貫した問いとは、人間はどこまで真実を直視し、それに忠実に従うことができるのか、換言すれば、どこまで人間は真実にしがみついていられるのか、ということだった。そして、ガンディーの生涯は、その「極限」を模索するものだったと言える。

今も昔も、真実という主題は、公私の境界を越えて私たちの生涯にかかわってくるものである。たとえば、「私たちが日々食べているものはどこから来ているのか」、「私たちが着ているものはどのように作られているのか」、「なぜ女性は虐げられてきたのか」、「なぜ宗教を信じる者たちは殺し合うのか」。このような問いからガンディーは決して目を逸らそうとしなかった。

ガンディーはまず食や性という人間生活における最も基礎的な主題をめぐる「真実」を直視することから出発して、その関心の幅は、衣服や宗教、さらには人種差別や植民地支配といった政治的・法的主題へと広がっていった。そして、このような真実をめぐる問いを探求していく途上で、ガンディーは「非暴力（non-violence、アヒンサー）」という思想を「発明」していったのであった。それがゆえに、『自伝』で述べられている通り、非暴力とは、真実の「多様な顕れ（ヴィブーティ）の一つ」とされた。

本書の第一章で見ていく通り、ガンディーの真実に対する態度を一変させた出来事は、南アフリカの人種差別体験であった。この地で、生涯初めて、赤裸々な人種差別という暴力の被害者となったガンディーは、その加害者を糾弾するよりも、人種差別を法的に許す社会制度やその現状に諦めきっている同胞の姿を見て、より大きな衝撃を受けることとなった。彼は、社会で最も巨大な「暴力」を可能ならしめるものとは、専制君主や暴漢やテロリストではなく、社会の大多数の人々の何気ない不正に対する同意であると考えるに至った。個人の無思想が、社会全体の人種差別の淵源であると見たガンディーは、その不正に対する絶対的な不服従・非協力を誓った。生涯のある時点から、死よりも真実に忠実であろうと決意したのだった。

とはいえ、私たちと同じ血と肉を持った人間であるガンディーは、この真実を直視しようとする実験の中で、幾度も挫折と失敗を経験し、いくつかの真実に対しては最期まで直視することができなかった点も深く吟味される必要がある。

†本書の構成

繰り返すが、本書の目的は、ガンディーの非暴力思想の意味を、「サッティヤーグラハ＝真実にしがみつくこと」という概念を手がかりに探究していくことにある。これにより、物理的な暴力と非暴力の二項対立のみを連想させてしまいがちな、日本語の「非暴力」という字義的な意味に縛られることなく、その思想の実相に迫ることができる。具体的には、ガンディーの政治的生涯や主要な集団的不服従運動について概観した上で、以下に述べるガンディーの公私にまたがる諸々の「真実の実験」、すなわち「食の真実」・「衣服の真実」・「性の真実」・「宗教の真実」をめぐる実験を個別に考察し、非暴力思想の意味の解明に努めたい。以下に、本書の具体的な構成を述べたい。

本書の第一章においては、まずガンディーが行った真実をめぐる様々な実験を吟味する足掛かりとして、ガンディーの生い立ちや政治的生涯を概観する。その際に、ガンディーの非暴力運動として最も有名な集団的不服従運動がいかなるものであったのかを具体的に探っていく。

第二章においては、ガンディーによって行われた「食の真実」をめぐる実験について見ていく。インドは今も昔も菜食主義が盛んな国である。特に、ガンディーが育った故郷のカーティヤーワール半島（現グジャラート州西部）では、ヒンドゥー教のヴィシュヌ派やジャイナ教の影響が強く、菜食主義の慣習が深く根付いている。そして、菜食主義は、動植物を殺さないことを意味する不殺生（アヒンサー）の問題が密接に関わってくる。この地で育ったガンディーは、当時世界最大のメトロポリスであったロンドンに留学した時にどのような思想や認識の変化を経験したのか。また、彼の食の関心は、イギリスの植民地支配という政治経済的主題とどのような関係にあったのか。これらの点を探究していく。

第三章においては、ガンディーの「衣服の真実」をめぐる実験を見ていく。ガンディーの生い立ちを見る者を最初に驚かせるだろうことは、彼が着ていた衣服や見た目の抜本的な変化である。少年時代は、故郷の民族衣装を身にまとい、青年時代や法廷弁護士時代の初期は、イギリス紳士さながら流行のスーツを身にまとい、壮年期には南アフリカの貧しい労働者と同じ質素な衣服を身にまとい、インド独立運動時には、自らの手で紡いだ綿糸でできた腰布一枚の姿となった。このような衣服の変化は、彼の非暴力の思想と密接にかかわっている。つまり、その衣服の変化は、植民地経済の搾取や不平等という暴力の真実を暴露するための重要な抗議の一環だったのである。

第四章では、食と同じくガンディーの生涯における最初期からの関心の一つであった「性の真実」をめぐる実験を見ていく。ガンディーと言えば、厳しい「禁欲主義者」としてのイメージを持っている読者も多いことだろう。ガンディーの性的欲望をめぐる実践や思想は、彼のいかなる問題関心に由来していたのだろうか。実は、この性という人間生活における最も親密な主題も、ガンディーの政治運動を読み解く重要な鍵なのである。性的欲望をめぐる「真実」から目をそらさないこと、それは彼のサッティヤーグラハの運動とどのような関係にあったのか。そして、そのことはなぜ反英闘争の一環として考えられていたのか。これらの点を詳しく論究していく。

第五章では、ガンディーを晩年まで悩ませた最も私的であり政治的な主題でもあった「宗教の真実」をめぐる実験を見ていく。ガンディーの宗教に対する実存的な関心の芽生えは南アフリカ滞在期から始まる。彼はヴィシュヌ派の家庭に生まれながら、その宗教アイデンティティは複雑な軌跡を辿った。彼の宗教政策は、インドとパキスタンの分離独立やその後に起こったガンディーの暗殺事件とも密接に関わる主題である。ガンディーは自らの私的宗教観とナショナル・アイデンティティの問題をいかに調和させ、国内の宗教対立に対して、いかに応じていったのか。これらの点を吟味していく。

以上の四つの真実をめぐる実験を吟味した上で、第六章では、ガンディーの思想・実践の限界とでも言えるものについて論じていきたい。すでに述べたように、ガンディーは一人の人間が真実にどこまで忠実に従って生きることができるのかという問いを極限まで突き詰めようとした。だが、ガンディーも同時代に見られる構造的な偏見から完全に自由だったわけではなかった。彼が最期まで決して向き合えなかったもの（否、向き合おうとしなかったものと言うべきか）が一つだけあった。それは家族である。ガンディーはインド人国民全員にとっての「父」であるのと同じだけ（ガンディーの言葉を借りれば「万人に平等に」）、自分の妻や子供に対して「父」であろうとした。彼の平等性を突き詰める合理主義は、時に彼自身の語る「愛」や「慈悲」の概念に見合わない冷徹さや厳しさを含んでいた。人間の魂に訴えかける術に長けていたガンディーが、生涯で決して説得できなかった二人の人物がいた。一人が、パキスタン建国の父ムハンマド・アリー・ジンナーであり、もう一人が、実の長男のハリラールである。父ガンディーがマハートマーとして国民から喝采を受ける背後で、息子は学業に失敗し、ムスリムに改宗し、女性をレイプし、アルコール中毒にかかって死亡した。

終章では、本書の議論全体を総括し、ガンディーの非暴力思想の現代的意義や限界について最終的な考察を加える。

以上、「食」「衣服」「性」「宗教」、そしてガンディー自身にまつわる「家族」という五つの「真実」をめぐる実験を吟味することで、ガンディー思想の根幹にある非暴力思想の全貌を明らかにしていきたい。

凡例

・本書における地名・人名のカタカナ表記については、原則として当該地域・人物が属する言語の学術上の慣例に従うが、一般的慣例が別にある場合（「ネルー」、「アーメダバード」等）はこの限りではない。

・「ガンディー」の名前については、「ガンジー」や「ガーンディー」などのいくつかの慣例が存在しているが、本書では便宜的に一般に最も馴染み深いと考えられる「ガンディー」の表記で統一した（日本語の既刊行物のタイトルを除く）。なお、原語のグジャラーティー語の発音をより正確に表記するならば、「ガーンディー」となる点はご留意されたい。

・引用内の［　］は筆者による補足を、［……］は中略を意味する。

第一章

集団的不服従

——日常実践の意義

ガンディーは「インド独立の父」として国内外で知られる。この言葉の意味していることは、言うまでもなく、彼がイギリスからインドの独立を求める反植民地闘争を導いたということである。この認識は歴史的に正しいし、わざわざ疑いの余地を挟む必要もないことである。もちろん、ガンディーが果たした役割をどれほど重視するかは歴史家によって様々である。

だが、ここであえてガンディーの反植民地闘争が具体的に何を指し、いつの時期に展開したのかという、より突っ込んだ問いを発してみたい。つまり、はたしてガンディーとその弟子たちは闘争の間中、序章で言及したような「ドラマティックな」集団的不服従運動を行っていたのだろうか。換言すれば、何十年という闘争の期間中、彼らは警官に棍棒で殴られ、脳天をかち割られ、手足をばたつかせていたのだろうか。まさか、そのようなことはあるまい。もしそんなことがあれば、ガンディーの命がいくらあっても足りなかっただろう。

ガンディーは反植民地闘争中のある一定の期間・瞬間に集団的不服従運動を行っていたはずである。では、もしそうならば、集団的不服従運動を行っていた以外の期間に、ガンディーやその弟子たちは具体的に何をしていたのだろうか。恐らくこの問いに対しては、多くのインドの専門家さえも、言葉を詰まらせることだろう。そもそも、これまでの主要な歴史研究は、専ら政治や経済の構造変化にその分析が集中していたと言える。このような限定された分析の視座は、少なくともガンディーの思想・運動の分析にはあまり役立たないし、むしろ根本的に誤った解釈さえも引き起こしかねないだろう。

ここで再び浮上する重要な論点は、ガンディーのサッティヤーグラハ、つまり「真実にしがみつくこと」という思想・運動は、単に公的な政治の場でのみ展開する集団的不服従運動だけを意味するのではなく、彼の生活領域全体に及んでいたということである。ウェッブ・ミラーが衝撃を受けたダラーサナーの行進は、決して、一朝一夕で実行に移せるような生易しいものではなく、その運動に至る過程には、何年にもかけて行われていた「目立たない」日々の生活実践や自己修練の積み重ねがあったのである。そして、両者は不可分であり、それらの全てがサッティヤーグラハ＝真実にしがみつくことを意味する実践なのである。

本章では、次章以降のガンディーの公私を跨る五つの「真実」をめぐる実験に歩を進める足掛かりとして、まずガンディーの生涯を概説し、彼の生涯の中で最もよく知られた四つの集団的不服従運動について説明したい。その上で、ガンディーの非暴力思想の的確かつ包括的な理解は、「目立った」集団的不服従運動にのみ注意を注ぐことによってではなく、その背後で行われていた「目立たない」サッティヤーグラハの実践にも目を向けることで初めて可能になりうるという論点を示したい。

1　生い立ちと政治的生涯

まずはガンディーの生い立ちと政治的生涯の概略を説明しておこう。図1を見ていただきたい。この図にある通り、ガンディーの生涯は大きく、四つの時期に分けることができる。(1)「幼少期〜青少年期」、(2)「ロンドン滞在期」、(3)「南アフリカ滞在期」、(4)「インド滞在期」である。以下に、それぞれの時期について見ていきたい。

†(1)幼少期・青少年期

ガンディーは一八六九年一〇月二日に、インド西部のアラビア海に面したグジャラート地方(現グジャラート州)のカーティヤーワール半島沿岸部にある人口八万人ほどのポールバンダルという藩王国で誕生した(地図1、地図2)。藩王国とは、植民地期にイギリスが直轄領とは区別してインド人に一定の自治の権限を付与した亜大陸における半独立の王侯領地であり、グジャラート地方には三〇〇以上の藩王国が存在していた。

父はポールバンダル藩王国の宰相《ディワーン》であり、ガンディーが幼少期に最も尊敬を抱いた人物の一人であった。ガンディー家は中世にグジャラート北部のモーデーラーという町(現マヘーサ

幼少期〜青少年期（1869-1888）	1869	グジャラートのポールバンダル藩王国で誕生	
	1876	ラージコート藩王国へ移住	
	1888	アルフレッド高等学校卒業	
ロンドン滞在期（1888-1891）		渡英	
	1891	弁護士資格を取得し、インド帰国（〜 1893）	
南アフリカ滞在期（1893-1914）	1893	南アフリカへ渡る 到着後すぐ人種差別を体験	
	1906	ブラフマチャリヤの誓いを交わす（7月下旬） サッティヤーグラハ運動開始（9月）	最初のサッティヤーグラハ運動（1906-1914）
	1914	南アフリカを離れる、イギリスへ渡る	
インド滞在期（1915-1948）	1915	インド帰国	
	1919	ローラット法に反対する一斉休業《ハルタール》運動	第一次独立運動（1919-1922）
	1920–1922	非協力運動	
	1930	塩の行進	第二次独立運動（1930-1934）
	1934		
	1942–1944	インドを立ち去れ《クイット・インディア》運動	第三次独立運動（1942-1944）
	1947	分離独立	
	1948	暗殺	

図1　ガンディーの生涯を分ける四つの時期区分

ーナー地区内）からやってきたモード・ヴァーニヤー（モーデーラー出身の商人階級の意）というカーストに属しており、これはより大きなカースト（ヴァルナ）の区分において第三身分のヴァイシャ（庶民・商人階級）に位置する。一八世紀にはポールバンダル近郊の町であるクティヤーナーに居住して行政にかかわっていた。誤解のないように強調しておくが、インドのカースト事情は複雑で、ヴァーニヤーは第三身分といえども、西部インドではカースト最上位のバラモン（司祭階級）に比肩する特別な地位を持っている。なぜなら、ヴァーニヤーは西部インドの商業を占有しているからである。ちなみに、現グジャラート州に隣接したマハーラーシュトラ州の州都であり、インド最大の商業都市であるムンバイの発展を支えてきたのも、このヴァーニヤーであった。ゆえに、日本ではしばしば間違って伝えられているが、ガンディー家は決して低い身分ではなく、グジャラート地方の有力カーストに属していたのである。

ガンディーの家族の宗教は、父がヴァッラバーチャーリヤ派で母がプラナーミー派であり、これらは両方ともヒンドゥー教の二大宗派の一つヴィシュヌ派に属する宗派であった（第五章参照）。

ガンディーは六歳か七歳の時に内陸に一二五マイル（約二〇〇km）離れた場所にあるイギリス統治の影響をより深く受けたラージコートという藩王国に引っ越し、植民地官僚によって設立された地元の名門であるアルフレッド高等学校（教育言語は英語）を一八歳で卒業した。ち

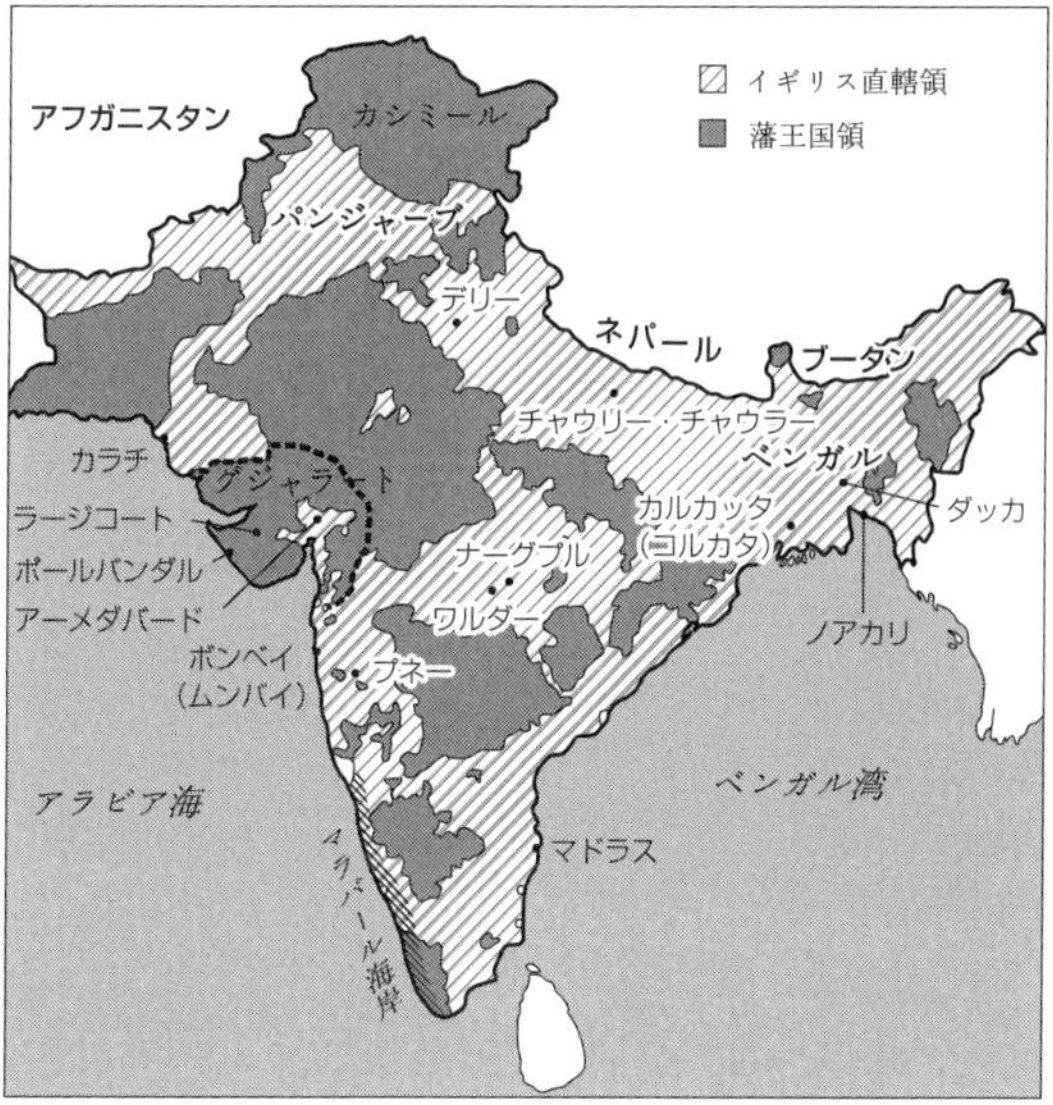

地図1　英領インド略図（1930 年時点、ビルマは除く）
太い点線部分はグジャラート地方のおおよその範囲を示すもの。英領期には、グジャラート地方を定義する明確な地域的境界線はなかった。

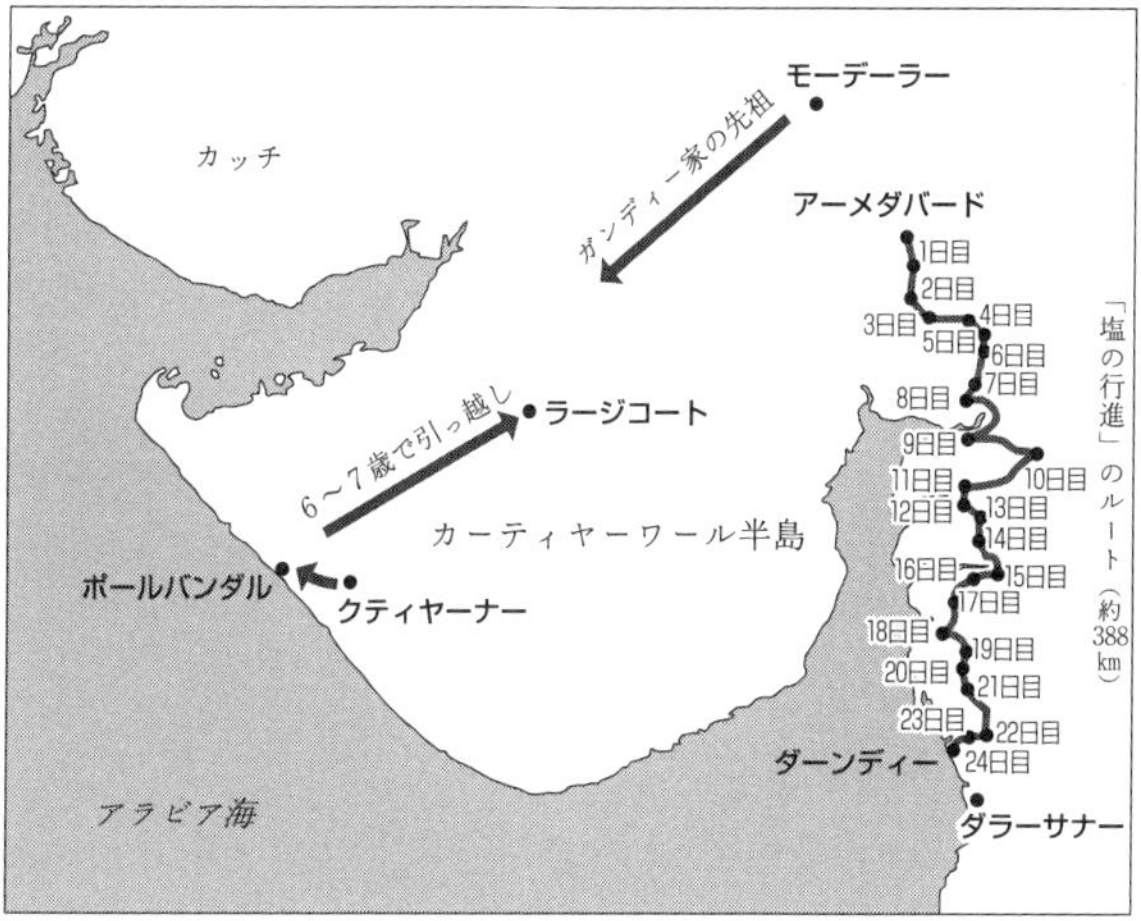

地図2　グジャラート地方略図

なみに、一九〇一年の『国勢調査（センサス）』によると、世紀転換期のインド人の英語識字率は、人口全体のわずか〇・三八％（およそ二六〇人に一人）であり、この数値からもガンディーがどれほど当時のエリートだったかがよく分かる。こうした事実は、次章でも言及する大衆動員を目的とした独立運動指導者時代のガンディーの「自己卑下的」とも言える謙虚な語りの背後に隠されてきたと言える。

†(2)ロンドン滞在期

ガンディーは一八歳の終わりにイギリスに向けて出航した。その後、約二年半のイギリス滞在中に、ロンドン大学付属のインナー・テンプル法曹院で、英国法廷弁護士資格を取得した。この時期に受けた重要な宗教的・文化的影響については、次章で詳しく述べる。

二一歳で、インドに一時帰国したガンディーは、ボンベイ（現ムンバイ）とグジャラートで弁護士業に従事しようとしたが、現実のインドの法曹界は、ガンディーが想像していたイギリス流の合理的なフェア・プレイの世界とはかけ離れており、土着の権力や宗教法に少なからず縛られたもので、ガンディーが真面目に学んできた教科書通りの知識は全くといっていいほど役立たなかった。ガンディーは自国で挫折を経験し、その才能を発揮させることができなかった。

(3) 南アフリカ滞在期

インドで約二年が経過した一八九三年に、同じく弁護士であった兄を通して、南アフリカにあるメマン系(現パキスタン・シンド州からグジャラートのポールバンダルにかけて居住するスンニ派ムスリム)インド人が経営する商会の訴訟事件を調停する法律関連の職のオファーを受けた(ガンディー曰く、その職の内容は曖昧なものだった)。

南アフリカにはインド人移民が多く、ガンディーが活動の拠点を置いた地域の一つである英領ナタール植民地には、一八九〇年代の時点で、人口約五八万四〇〇〇人のうち、白人四万五〇〇〇人(八%)に比肩する多くのインド人(三万五〇〇〇人――六%)が住んでおり(残りの人口はほぼアフリカ原住民で占められた)、商会があったトランスヴァール共和国にも、約一万五〇〇〇人ものインド人が住んでいた。閉鎖的な自国から離れたい思いでいっぱいだったガンディーは、すぐにオファーを快諾し、南アフリカに向かった。この時、ガンディーは二三歳であった。

商会の仕事は一年未満のものであったが、その期間が終了した後も、個人で弁護士業を営んだり、自給自足の生活を送るなどして、ガンディーは最終的に二一年の期間を、南アフリカに滞在することとなった。

なぜガンディーはここまで長期にわたって南アフリカに滞在したのか。それは、この南アフリカの地で、ガンディーの人生の価値観を一変する出来事が起こったからであった。有色人種差別体験である。ガンディーは商会の仕事が終わった後も、南アフリカの人種差別法撤廃のための運動に従事し、四四歳まで南アフリカにとどまった。

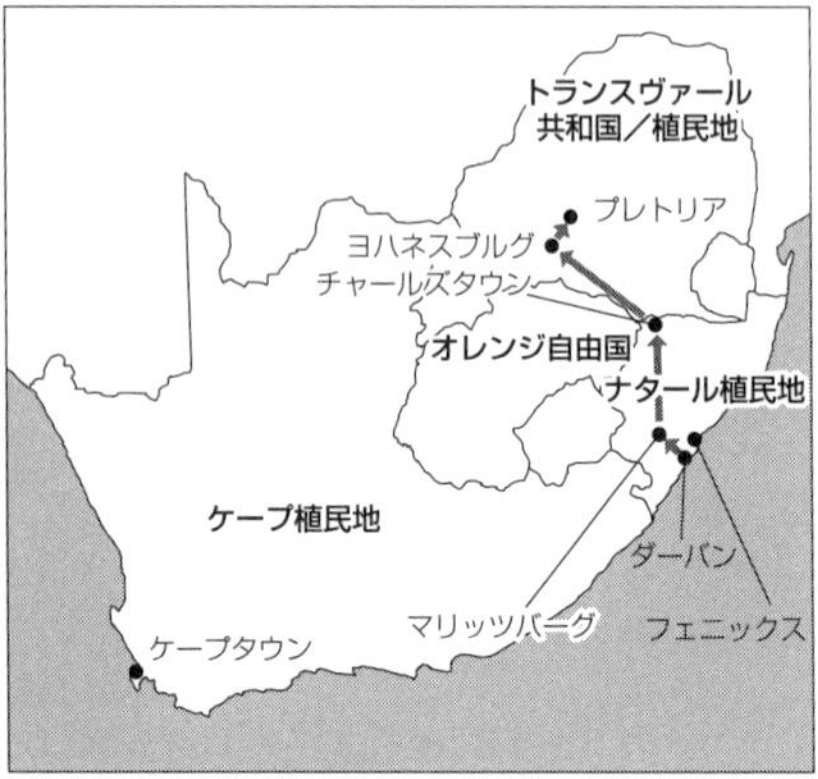

地図３　南アフリカ地図
ケープ植民地、トランスヴァール植民地、ナタール植民地、オレンジ自由国は、1910年にイギリス自治領南アフリカ連邦として一つに統合された。
矢印は、ガンディーが人種差別を体験した最初の旅程を示したもの。

ガンディーの思想と運動を考察する上で極めて重要となってくるので、以下にガンディーが人生で初めて体験したいくつかの人種差別体験の詳細を見ておこう。ガンディーは南アフリカに到着して最初の二週間に、数度の人種差別を体験した。その中でも、次の三つは特に重要である。

ガンディーが南アフリカのナタールの港であるダーバンに到着した後、ガンディーはオランダ系移民のボーア人が統治するトランスヴァール共和国（一九〇二年以降は英領植民地）の首都であるプレトリアの法廷に出席を求められた（地図3）。ガンディーは一等車のチケットを手に入れ、ダーバンから夜の鉄道の旅に出た。ナタールの首都に当たるマリッツバーグ駅（写真1-1）に到着した時、一人の白人が乗り込んできた。その男は褐色の肌をしたガンディーの姿を見るとその場を一度立ち去って、数分後に鉄道員二名を連れて再び現れた。鉄道員はガンディーに三等車に移るように命じた。チケットを持っていたガンディーはそれを拒んだ。すると、今度は警官が呼ばれ、警官はガンディーを荷物もろとも駅のホームに強制的に放り出した。初めての赤裸々な人種差別体験に唖然としたガンディーは、明かりのない深夜の駅の待合室で一夜を明かした。

写真1-1　マリッツバーグ駅構内（1890年代）

翌朝、ガンディーはマリッツバーグ駅から列車でプレトリアに向かおうとしたが、途中のチャールズタウンからプレトリア近郊のヨハネスブルグまでの鉄道が開通していなかったので、その区間だけ乗合馬車に乗った。すると馬車に乗っていた白人乗客は、有色人種であるのに態度が生意気ということでスーツ姿のガンディーに暴行を加え、走行中の馬車から引きずり落とそうとした。馬車から落ちないように、必死に真鍮の手すりにしがみついていたガンディーを、その白人乗客は容赦なく拳で殴り引っぱたいた。あまりの暴行にみかねた周囲の白人たちが暴行を止めて事態は収まった。

その後、ガンディーはヨハネスブルグで宿泊することになったが、有色人種であることからホテルの部屋を譲ってもらえなかった。やっと部屋を確保できたと思ったホテルでも、白人がいるダイニングには入らず自室で食事をとるようにオーナーに頼まれる始末だった。

こうして、まさに「命がけ」でプレトリアに到着し、雇主のインド人に会った時には、ガンディーは憔悴しきっていた。（少なくとも表面上は）開けた多文化主義の理念に根差したメトロポリスのロンドンに留学した時に、ガンディーが人種差別を受けたという記録はない。なので、この南アフリカでの体験は実質上、ガンディーの生涯最初の白人から受けた人種差別体験であった。

ガンディーは自分がこの二週間に体験したことを、同僚のインド人たちに伝えた。これを聞いて彼らが驚いたのは、ガンディーが語った人種差別体験ではなく、ガンディーが人種差別体験を問題視していることだった。当時の南アフリカで、有色人種差別は至極当たり前の慣習だったのであり、彼らにしてみれば、「何を今さら」ということだった。まさに、ガンディーを人種差別体験以上に驚かせたのは、明らかに不正に思える社会的慣行を、被差別者たちであるインド人自身が自明のものとして甘受している姿だった。

ガンディーはこの四〇年以上後に、ジョン・R・モット博士とのインタビューで「あなたの人生における最も創造的な経験は何だったでしょうか」という質問に対して、列車から突き落とされた後、マリッツバーグ駅で過ごした夜のことを語った。駅は、山間部にあり、特に五月は寒冷期で、ガンディーは暗い待合室で一晩中震えながら過ごしたのであった。この夜、自らの内に起こった様々な思想の渦について、ガンディーは『自伝』の中で次のように記している。

私は自分の義務を考えました。「私は自分の権利のために闘うべきか、あるいは「インドへ」帰るべきか。［……］私の身に降りかかった苦しみ、それは［……］深く根を下ろした一つの巨大な病の徴候に違いない。この巨大な病、それは人種差別である。その重い病を取り除く力があるならば、その力を使わなければならない。そのようにしながら、自らの上に苦しみが降りかかるならば、それら全てを耐え忍ぶべきだ。そして、人種差別を撤廃するために可能な限り抗うべきだ。」

極めて興味深いことに、ガンディーは人種差別を受けた後、差別者の腕力や罵倒といった物理的・言葉の暴力を糾弾したのではなく、この明らかに不正に見える事柄が合法化されている社会、つまり正当なものとして受容されている社会や文明、またそのシステムそのものを「巨大な病」として問題視したのであった。

さらに、インタビューの中で、ガンディーは白人に滅多打ちに殴られた体験を、「私の人生において最も豊かな経験の一つ」であったと語った。ガンディーは差別を受ける者と差別をする者の二項対立で物事を考えたのではなく、より俯瞰的な観点から、差別をする者さえもが野蛮な文明の被害者であると見なしたのであった。差別を根絶するために必要なことは、加害者を糾弾することだけではなく、システムを変革することだった。だが、システムの変革には、一人一人の意識の変革が必要不可欠であった。ガンディーはこの二重の改革に自らの生涯を捧げることを誓った。まさに、ガンディーがモット博士とのインタビューで語ったように、「私の能動的な非暴力（active non-violence）は、この日から始まった」（『神の民』紙一九三八年一二月一〇日号）。

ガンディーはこの後、商会との仕事が終わった後も、個人の弁護士業で生計を立てながら、人種差別問題に対する抗議活動を続けていった。一八九四年から一九〇六年までは、人種差別法を撤廃するための合法的な陳情活動を行った。そして、一九〇六年からは合法的な抗議活動が功を奏さないことを悟り、ヘンリー・デイヴィッド・ソローやレフ・トルストイの市民的不服従の思想や、同時期に「スワデーシー（国産品愛用）」のスローガンの下にインドのベンガル地方で展開していたボイコット運動にインスピレーションを受けたこともあり、非合法の集団的不服従運動であるサッティヤーグラハ運動を開始した（「サッティヤーグラハ」という名前は一九〇七年末に付けられた）。この集団的不服従運動は断続的なものであったが、八年間続き、一九一四年にガンディーは南アフリカの政治指導者であるヤン・スマッツと協定を結び、人種差別法撤廃の要求を大幅に受け入れさせることに成功した。

†（４）インド滞在期

一九一四年に南アフリカを出発し、約一年のイギリス滞在を経て、一九一五年にガンディーはインドに帰国した。南アフリカで行われていた反人種差別運動が、すでにインドの一部の新聞によって報道されていたことから、ガンディーの存在は、インドの独立運動家の間で一目置かれていた。帰国後、一年間の国内視察を終えた後、ガンディーはにわかに、インド国民会議（英領期にインド人側の政治的要求を聞き出すために、イギリス人側の協力もあって組織された政治集会・団体。一九二〇年から政党に準ずる役割を果たすようになった。現代インドの主要政党である国民会議派の起源に当たる）に関わりながら政治運動に従事するようになっていった。

そして、その誠実な人格、勤勉さ、そして、何よりも階級・宗教の差異を越えて人々をまとめ上げる圧倒的な組織力やカリスマ性といった資質を買われ、帰国後わずか四年が経過した一九一九年の段階で、ガンディーはインドの政治運動の中心的人物の一人となっていった。

その後、自治の権限が付与されることを期待してインド人が行った第一次世界大戦中の従軍活動を裏切るように終戦後にイギリスがローラット法（自治運動に関わるインド人の無条件逮捕などを承認する法律）を成立させたことを受けて、ガンディーは、一九一九年からイギリスに対する大規模なボイコット・ストライキ（一斉休業運動《ハルタール》）を人々に呼びかけ、翌年の一九二〇年からは全インド規模の集団的不服従運動である「非協力運動（Non-Co-operation Movement）」を開始していった。紆余曲折を経ながら運動は断続的に継続し、一九二二年に終了した。この一九一九年から一九二二年にかけて行われた一連の反植民地闘争は「第一次独立運動」と総称される。

次にガンディーが率いた大規模な集団的不服従運動が、序章でも言及した塩の行進によって盛り上がりを見せた反植民地闘争である。これらは一九三〇年から一九三四年の四年間にわたって展開し、一般的に「第二次独立運動」と呼ばれる。

そして、ガンディーが生涯で率いた三度目の大規模な集団的不服従運動は、イギリスの即時撤退を求める抗議活動である「クイット・インディア（インドを立ち去れ）」運動である。これは一九四二年から一九四四年にかけて行われ、別名で「第三次独立運動」とも呼ばれる。

これらのガンディーが率いた三つの反英独立運動は次の点で近代インド史上画期的なものであった。それは、それまで政治に無関心だった大多数のインド人農民を運動に動員したことである。ガンディーがインドに帰国する以前に行われていた多くの反英闘争は、専ら都市部の教養人によって担われていた。インド国民会議に属する独立運動家も、ほとんどが英語教育を受けたエリートだった。それに対して、インドの人口（当時は約三億人）の大多数が、英語は言うに及ばず、母国語でも読み書きできない識字能力のない農民であった（一九二一年時点の非識字率は九二・八％）。農民たちは、日々の食糧の確保や耕作が関心の全てであって、日常生活よりメタなレベルに存在している植民地支配のことなど、想像もできないことであった。反英独立運動といっても、彼らにはピンとこない。これらの農民を、ガンディーは自らの服装も含めた視覚的パフォーマンス、塩や糸紡車といった日常的で親しみ深いシンボルを活用することによって、見事に動員・扇動することに成功したのである。

このクイット・インディア運動の前後の時期から、インドでは、パキスタンとの分離独立の計画が最大の政治的課題として浮上していた。ガンディーの度重なる集団的不服従運動は、同時代の国際状況（つまり、第二次世界大戦）も追い風となって、確かに大英帝国の植民地統治に少なからぬ打撃を与えるものであった。だが、イギリスの統治能力が弱体化していったことは、単に歓迎されるべき喜ばしい事態とは言えなかった。イギリス統治の脆弱化は、インド国内にある宗教的・文化的な内部対立を前景化するものでもあった。

ガンディーは生涯を通して、ヒンドゥー教徒とムスリムを中心とした多様な信仰者が平和的に共生する多宗教多民族国家の創設を夢見ていたが、一九四七年八月にパキスタンがインドの東西の両端から分離して独立することで、その夢はことごとく崩れ去った（地図4）。

地図４　分離独立時のインド亜大陸略図
矢印は国境付近の強制移住の動きを示したもの。
なお、藩王国のカラート、ジャンムー・カシミール、ハイデラバード、ジュナーガルなど、いくつかの地域は分離独立時に帰属先が決定していなかった。藩王国については、1948年までにカラートがパキスタンへ、その他がインドに併合。

大英帝国の支配が終わる前後の時期から、インドではヒンドゥー教徒とムスリムとの関係が悪化して、特にパンジャーブ地方やベンガル地方などの国境付近では大規模な暴動が多発し、国内に数十万から数百万人の死者を出すに至った。

このような独立前後の混乱状況にあるインドを目の当たりにし、ガンディーは深い悲壮感の中、一九四八年一月三〇日に死去した。死因は、ヒンドゥー教徒のガンディーがムスリムに対して寛容すぎるという理由で、ガンディーを「裏切り者」と見なした過激派のヒンドゥー教徒の男が放った三発の銃弾であった。

イギリスの植民地統治が開始してから一一年後に生まれ、植民地統治が終了した翌年に没したガンディーの人生は、まさにインドの独立運動に捧げられるものであった。

†根本的な問い

以上、(1)〜(4) のガンディーの生涯を分ける四つの時期区分について見てきた。そして、これらの中で、大きく四つの大規模な集団的不服従運動が展開していたことを見た。一つ目が、南アフリカ滞在期の人種差別法の撤廃を求めた集団的不服従運動であり、残りの三つが、インドで展開した三つの反英独立運動(第一次独立運動、第二次独立運動、第三次独立運動)であった。

ここで、本章の冒頭の問題意識に戻りたい。まず、ガンディーは具体的にいつの時期に大々的な集団的不服従運動を行っていたのかという問いであるが、これに対しては、最も一般的な答えは、南アフリカで一九〇六年から一九一四年まで行われた集団的不服従運動の八年と、ガンディーがインド政治の指導的存在となって独立を導いた一九一九年から一九四七年までの二八年間の合計三六年間となるだろう。そして、より厳密な答えを用意するならば、南アフリカの八年間と、インドの三つの独立運動、すなわち一九一九年から一九二二年(第一次独立運動)、一九三〇年から一九三四年(第二次独立運動)、一九四二年から一九四四年(第三次独立運動)

の合計一七年間ということになるだろう。

しかしながら、仮に後者の答えを受け入れたとしても、冒頭で述べた通り、はたしてこれらの一七年の間中、ガンディーは本当に常に「ドラマティックな」集団的不服従運動を行っていたのだろうか。すでに述べた通り、そう考えることは極めて困難であろう。では、これらの一七年間の中で、さらに厳密化して、具体的にどの時期にどれぐらいの期間、集団的不服従運動が行われていたのかを以下で明確化したい。

2 四度の集団的不服従運動

†(1)南アフリカの集団的不服従運動

ガンディーの南アフリカにおける人種差別法撤廃運動は、一九〇六年九月一一日から一九一四年六月二七日までの約八年にわたって断続的に行われた。「断続的」というのは、この運動の勢いはかなりのアップダウンを見せるものであって、決してスムーズで一直線には展開しなかったからである。運動が衰退していた時期には、ガンディーの支持者の多くが諦念と共に、ガンディーのもとを離れていった。運動の規模は数千人に盛り上がった時もあれば、数十人の孤高の闘いとなったこともあった。この運動の中で、実際に集団的不服従と呼びうる具体的な実践には、時系列に以下の五つがある。

①一九〇六年九月一一日：ヨハネスブルグで開催された三〇〇〇人規模の大集会で行われた、アジア人登録法案（八歳以上の全てのインド人が一〇本の指紋を押捺した登録証を常備することを定め、警官は登録証の提示を拒む者に投獄・罰金・国外追放・個人宅の捜査を無条件に行えるという法案）に抗って集団的不服従を呼びかけた演説。

②一九〇七年七月〜翌年一月：一九〇七年三月に法案が成立後（七月にはインド人入国者を制限する移民制限法案も発表）、七月から一一月の登録期間に行われた、登録拒否を呼びかける各地の集会演説やピケット活動。ガンディーは一二月に逮捕。翌年一月から一カ月間入獄。

③一九〇八年八月一六・二三日：ヨハネスブルグで開催された大規模集会で、インド人移民から収集した二〇〇〇枚以上の登録証を焼却する抗議行動。一〇月逮捕・入獄（〜一二月まで）。

④一九一三年一一〜一二月：南アフリカ連邦の最高裁判所が、三月にキリスト教式結婚のみを合法とする判決を出したことに伴い、ヒンドゥー教徒、ムスリム、ゾロアスター教徒の結婚の合法化を求めて、九月に集団的不服従運動再開を宣言。一一月に、男性二〇三〇人、女性一二七人、子供五七人を引き連れた集団的不服従運動（ケープからトランスヴァールの間にあ

った州境を公然と不法越境する運動）が展開。同じ月に逮捕・入獄（～翌月まで）。
⑤一九一四年一月一日：ダーバンで集団的不服従運動（再び州境を不法越境して、自発的に逮捕される運動）を開始することを宣言したが、政府が戒厳令を敷いたため、運動開始を延期。

これらの内、直接的に展開した集団的不服従運動として判別できるものは、②と③と④であろう。①と⑤は集団的不服従運動に向けた公式の宣言や集会にとどまる。その他、これらの運動の合間も含め、ガンディーが投獄された合計二四九日の獄中期間がある。広く見積もって、これらの運動の合間の獄中期間を含めたとしても、集団的不服従運動が展開していたのは、一年半に満たなかったことが分かる。つまり、南アフリカで八年間にわたったとされるサッティヤーグラハ運動の内、多く見積もっても一年半足らずしか集団的不服従運動は行われていなかったのである。

それでは、この他の時期に、ガンディーは何をしていたのだろうか。主な政治的レベルの活動は次の四つである。

①ロンドンにおけるイギリス政府への陳情活動（一九〇六年一〇～一一月、一九〇九年七～一一月）
②四つの言語（英語、グジャラーティー語、ヒンディー語、タミル語）で書かれた政治的週刊紙の

出版による啓蒙活動　＊ヒンディー語欄とタミル語欄の記事は一時期のみ
③南アフリカ政府およびイギリス政府の役人やインド人政治家との会見、また彼らへ宛てた書簡・電報・電話でのやり取り
④自らの政治思想を体系的に記した著書である『インドの独立（ヒンド・スワラージ）』の執筆・出版（一九〇九〜一〇年）

これに加えて、ガンディーは私的レベルで、次の五つの実践を日常的に行っていた。

①大量の本（英語、グジャラーティー語、ヒンディー語、サンスクリット語）の渉猟
②果実食や塩抜きといった様々な食事の実験
③性エネルギーの統制や自然療法（泥の塗布や日光浴）を中心とした「健康法」の模索
④自給自足のコミューンに居住する子供たちに対する教育活動
⑤一〇〜一二マイル（一六〜一九km）のウォーキング

驚くべきことに、ガンディーの八年間の活動の大半は、執筆活動・読書活動・教育活動・食や性の統制・日々のウォーキングといった活動に当てられていたのである。これらの全てがサ

ッティヤーグラハ、つまり「真実にしがみつこうとする」活動なのであった。

特に、これらの中でもガンディーのサッティヤーグラハのプロジェクトにおいて、最も大きな意味を持ったとされるのが、第四章で見る通り、ガンディーの身近な協力者であるドイツ系ユダヤ人のヘルマン・カレンバッハとの性をめぐる実験であった。

ガンディーは集団的不服従運動を行っていない時期に、常に新しい知識を蓄え、食や性を統制し、運動を欠かさないことで、地道に心身の「健康」を向上させ、公的な政治実践に備えていたのであった。

これらの南アフリカにおける公私にまたがるサッティヤーグラハの具体的な内容を見る限り、いかにガンディーの思想や運動を、集団的不服従運動にのみ関連付けることが狭い見方であるかが明らかになるだろう。

†(2)第一次独立運動

ガンディーは一九一九年三月三〇日から四月一八日まで、平常時における反英デモ活動を禁止するローラット法に抗議する集団的不服従運動を行った。また、一九二〇年八月一日から一九二二年二月一四日まで、インド全土にイギリス製品のボイコットや大量焼却、官立学校の教員・学生全員の辞職・退学を呼びかける「非協力運動」と呼ばれた全インド・レベルの集団的不服従運動を行った。この一九一九年から一九二二年の中で行われた具体的な政治活動は以下の通りである。

①インド全土へのボイコット・ストライキへの呼びかけ
②インド国民会議を中心とした主要政党の大会の参加・運営
③ベナレスとアーメダバードで、ガンディーの理念に基づく大学を設立・運営
④一九二一年八月のイギリス製衣服の焼却運動
⑤チャルカー（糸紡車）による自国産の手紡ぎ手織り綿布の普及活動
⑥三言語の政治的週刊紙の刊行
⑦書簡の執筆や電報の打電
⑧全国各地での演説

これらの内、直接的な集団的不服従運動と受け取れるのは、①に応じて行われた散発的なボイコット・ストライキ活動（一九一九年三〜四月の一斉休業運動《ハルタール》、一九二〇年一〇月の選挙ボイコット、一九二一年二月以降の官立学校ボイコットや同年一一月のイギリス皇太子のボンベイ到着時に行われた一斉休業運動）と④のイギリス製衣服焼却運動であろう。その他の活動は、集団的不

服従運動が行われている以外の時期にも継続して行われていた政治活動である。前者を合算するなら、一般的に三年と考えられる第一次独立運動期において、集団的不服従運動が行われたのは、多く見積もってもその半分以下の一五カ月ほどの期間だったということが分かる。

この第一次独立運動期全体を通しても、ガンディーは欠かさず、食や性の統制、また自らの政治活動の拠点とした居住地であるグジャラートのアーシュラム（道場）で日々の運動を欠かさずに行っていたのである。⑥や⑧ではその重要性が度々説かれた。自己の身体的欲望を適切に統制できるようになるまで、集団的不服従運動は決して適切に実践することはできないことをガンディーは度々警告していた。

†(3)第二次独立運動

インド帰国後の二度目に展開した全インド規模の集団的不服従運動は、塩の行進によって盛り上がりを見せた第二次独立運動である。第二次独立運動は、一九三〇年一月三〇日にインド国民会議の政党大会で採択された「独立の誓い」を期に開始したと一般的に捉えられる。そして、公式に終了が告げられたのは、一九三四年四月七日であった。このように四年に及んだ運動であったが、そこにおいて集団的不服従運動が行われていた期間は決して長くない。それらは時系列に以下のものであった。

①一九三〇年三月一二日～四月五日：ガンディーを先頭に、アーシュラムの住人七八人を引き連れて開始された塩の行進。アーシュラムのあるグジャラートのアーメダバード市からグジャラート南部の海岸沿いの町であるダーンディーまでの二四一マイル（約三八八㎞）を徒歩で行進。

②一九三〇年四月六日～一九三一年二月一七月：ガンディーが到着後にダーンディーで一万二〇〇〇人の参加者と共に行った、塩税法を自発的に違反する大規模な集団的製塩活動。五月五日にガンディーは逮捕されるが、運動は周辺の地域に拡大し、翌年にインド総督のアーウィンとガンディーが運動の停止の協定を結ぶまで盛り上がりを見せた。数百万人がインド全土で反英ボイコットとストライキを行ったとされる。

③一九三一年一二月二八日～翌年一月頃：ロンドンで開催された第二次円卓会議（一九三一年九月七日～一二月一日）に出席し、一九三一年一二月二八日にイギリスからインドに帰国したガンディーは、すぐに集団的不服従運動の再開を宣言し、翌年の一月四日に逮捕され投獄。インド国民会議運営委員会の非合法化。集団的不服従の再開の理由は、第二次円卓会議で審議されるはずであったインドの完全独立の問題が棚上げされたため。

④一九三二年九月二〇～二五日：円卓会議の成果をまとめたものとして、イギリス首相マクド

ナルドが下したインドの宗教コミュニティー・カースト別議席配分に関する裁定（コミュナル裁定）に反対して獄中で行われた抗議の断食。

第二次独立運動期には、長期間な盛り上がりを見せた塩の行進（とそれに続く運動）が行われた。それでも四年の期間の内、集団的不服従運動が勢いよく展開していた時期を調べると、一年足らずであったことが分かる。

これら政治活動の他に、他の時期と同じく、ガンディーは週刊紙の刊行、演説活動、書簡の執筆や電報の打電を行っていた。また、反英闘争の文脈とは逸れるものの、一九三二年から三四年までの時期に、ガンディーは国内の不可触民問題をめぐって五度の公の断食を行った。生涯のうち、最も高頻度で断食が行われた時期であった。

また、私的なレベルでは食と性をめぐる実験、チャルカーの紡績活動が続けられていた。特に、塩の行進の前には、ブラフマチャリヤという性的統制の実験（第四章）の重要性が認識され、独立運動が身体統制の問題と不可分であることが強調された。

このように、ガンディーの第二次独立運動においても、集団的不服従運動が行われていた時期は全体の一時期だったのであり、無視できないのが、その他の時期に行われていた地道な日常実践なのであった。

†(4)第三次独立運動

ガンディーの第三次独立運動は別名で、「クイット・インディア」運動と呼ばれるが、これは一九四二年八月八日のインド国民会議の政党大会で採択された「完全独立(プールナ・スワラージ)」の政策に基づく、イギリスからの即時独立を要求するものであった。一九四二年八月八日から一九四四年頃にかけて運動が展開した。この中で具体的に行われた集団的不服従運動と見なされうるものは以下の通りである。

①一九四二年八月九日:ガンディーやインド国民会議の主要な政治家の入獄。ガンディーは二年後の一九四四年五月六日に釈放。
②インド国民会議の呼びかけによって断続的・勃発的にインド各地で行われた植民地官僚や公務員の集団ボイコット・ストライキ活動。
③一九四三年二月一〇日〜三月二日:ガンディーが自らの拘留に抗議して行った断食。

また、この第三次独立運動期にも、他の時期と同じく、政治的週刊紙の刊行、書簡の執筆・郵送や電報の打電が行われていた。加えて、この長期にわたった獄中期には、自らの性や食をめぐる「健康論」をまとめた著作が執筆された。

私的なレベルでは食と性をめぐる実験、チャルカーの個人的な紡績活動が続けられた。

第二次独立運動期は、①〜③の個人的・集団的不服従運動が行われたが、②については、ガンディーやインド国民会議の指導者が投獄されていたことから、とても統制のとれたものではなかった。各地で暴動が勃発しており、不運極まりないことに、一九四三年から四四年にかけて、植民地史上最大の死者（三五〇万人）を出したベンガル大飢饉も起こっており、国内は混乱を極めていった。運動は公式の終了の宣言がなされることなく、「自然消滅」した。

†日常実践への着目

以上、見てきたように、ガンディーの四つの代表的な集団的不服従運動が行われていたとされる期間においては、常にダラーサナーの製塩所の前で見られたような「ドラマティックな」抗議行動が展開していたわけではなかった。そのような抗議行動に準ずるものが展開していた時期は、これまで見てきたものを総計する限り、四年に満たなかった。換言すれば、一八九四年から始まったガンディーの五四年にわたる政治的生涯のわずか四年弱の期間の光景が、映像や文字などのメディアを媒介に、世界に報道され、ガンディーを「非暴力の使徒」として一躍著名人としたのであった。

ここで、留意すべき最も重要な論点は、このような「目立った」抗議行動が展開していない時期に行われていた日常の諸実践である。このような日常の諸実践は決して本章で見た大規模な集団的不服従運動ほど「目立たない」が、それらの運動を成功に導くために欠かせない重要な自己修練だったのである。

しばしばガンディーの非暴力が論じられる際には、「ドラマティックな」集団的不服従運動の部分のみが話題にされがちである。これによって、非暴力の意味が、政治的な性質なものとして限定的に理解されてしまう。だが、ガンディーのサッティヤーグラハ、つまり「真実にしがみつくこと」を意味する運動は、これらの政治的な集団的不服従が行われていない時期にも同じぐらい真剣に取り組まれていたのである。このような「目立たない」日常の非暴力実践の積み重ねという土台の上にあって初めて、「目立った」非暴力運動が可能となっていたのである。

次章からは、ガンディーの非暴力思想の意味を、このような集団的不服従運動の土台となっていた基層レベルの思想・実践（食・衣服・性・宗教）に着目しながら吟味していきたい。

第二章

食の真実——味覚の脱植民地化

「非暴力」という言葉は逆説的な概念である。確かにこの言葉は、日本語でも英語でもグジャラーティー語やヒンディー語でも「暴力（violence, હિંસા, हिंसा）に非《あら》（non-, અ-, अ-）ず」という意味を語の構成要素として持っている。だが、ここで留意したい点は、暴力の存在を否定するはずの非暴力の概念であるが、暴力を否定できるということは、そもそもこの世に暴力があることを前提にしているということである。換言すれば、暴力がない社会において、そもそも非暴力の概念は成立し得ない。つまり、非暴力は根源的に暴力に依存した概念なのである。ガンディーが非暴力という言葉を、サッティヤーグラハと表裏一体の概念として提示した背景には、私たちがいくら真実にしがみつこうとしても、どこまでも暴力的存在に他ならないことに自覚的であるべきことが暗示されている。

　はたしてこのような非暴力主義者の認識は正しいのだろうか。暴力の絶対的な実在性を認めざるをえない最も身近な例として「食」を挙げられるだろう。私たちの内、誰一人として他の生命を食べずに生きることはできない。他の生命を食べるためには他の生命を殺す必要がある。他の生命を殺す過程には、他の生命に対し痛み・苦しみ・恐怖を与えること、つまり暴力を伴う。これは私たちにとって、できるだけ目を背けたいが、否定できない「真実」である。それでは菜食主義者になれば良いではないかと言うと、そんな簡単なものではないとガンディーは諫言する。なぜなら、菜食主義者さえも、植物という生命を殺しているからである。ガンディー曰く、程度の差はあれ、肉食者であろうと菜食主義者であろうと、「根源的に考えると、誰も非暴力的ではない」のである（『インドの独立』）。

ガンディーは英語の non-violence という言葉を語る二〇年以上も前から、どうやって食の暴力（殺生）を最小限に抑えることができるのかという問いに真摯に向き合っていた。ヴィシュヌ派の有力カーストに属するガンディーは、生まれながらのラクト・ヴェジタリアン（インドで最も一般的な乳製品を摂取する菜食主義者）であったが、単なる菜食主義者では飽き足らず、現在でいうところのヴィーガン（乳製品・卵をも拒む完全菜食主義者）よりもさらに先に進んだ、調味料や香辛料さえも一切使わない果実のみの生活を実験することもあった（後述）。このような食の欲求を制御する日常実践には甚大な意志の力を必要としたことは想像に難くない。序章で見たような、いくら殴られても殴り返さず、自らの信念を貫き通すダラーサナーの塩の行進者に見られる強靭な意志は、一朝一夕で得られたものではなく、こうした食を中心としたガンディーのアーシュラム（道場）における日々の衣食住をめぐる厳しい自己修練の積み重ねによって初めて可能となっていたのであった。

食の暴力性に関連してさらに厄介な問題がある。私たちは単に食生活を通して他者に暴力を行使しているだけではない。より深刻な問題は、このような他者に対する暴力が、しばしば自己に対する快楽を自発的に生み出すということである。仮に私たちの理性が、日々の食卓で口にする食物が命あるものを殺して供されるに至ったことを知っていても、望むと望まざるとにかかわらず、私たちの身体は食物に対して自律的に反応し、口の中で唾液が出て、食欲が喚起される。そして、食物を口に入れると、舌の味蕾を通過して、私たちは殺された生命を「美味しい」と感じ、幸せと喜びに満ちる。これは誰のせいというわけではなく、私たちに生まれながらに備わる身体的機能である。つまり、私たちは一人の例外なく、生まれながらにして、自己中心的本能を備えているのである。私たちの身体は、他者の痛みや苦しみを想像することはできても感じることはできず、他者の痛みと苦しみの産物である食物を食べて、苦しみとは真逆の快楽を感じ取るわけである。だからこそ、私たちは日常の食生活で、自己が他者を常に殺しているという「真実」を完全に忘却できるし、生命維持に不要であっても、しばしば他者の暴力を犠牲にした過剰な快楽を求めてしまうのである。

ガンディーはこのような人間に生まれながらにして備わった身体の自己中心的本能が、食や性の領域を越えて、最終的に人種差別や植民地統治といった社会・経済・政治の暴力的構造を作り出すに至っていると考えた。かつて西洋では動物を機械（デカルトの「動物機械論」など）と見なす考え方が存在し、「黒人《ニグロ》はヨーロッパ人よりも猿に近い」（J・ハント「自然の中の黒人の位置づけ」など）と言われ、奴隷労働が正当化されていた。恐らく、現在に生きる大多数の人間は、無麻酔の動物解剖や人種差別、そして昨今の工場畜産（factory farms）の様子を見れば大きな動揺を覚えるだろうが、そうした構造的暴力が歴史上、長期にわたって持続してきたのは、まさに暴力が支配者に、豊かな暮らしと「美味しい」食事を保障してきたからに他ならない。

第一章で見た通り、褐色の肌をしたインド人のガンディーは、自らが暴力を受ける側となった。自らが被害者になったならば、もはや自己中心的本能は人間に生まれながらに備わった機能なのだから仕方がないでは済まなくなった。そこで、ガンディーは人種差別制度を批判し、その撤廃を求めるのと並行して、自らの身体に備わる自己中心的本能（食欲、奢侈、性欲など）にも挑戦し、食については徹底した「非暴力的」レシピを作り出そうとした。自らが口にする食物は不必要な痛みと危害を生き物に加えていないか。食物が生産される過程で非人道的な労働は起こっていないか。自らが口にする食物は、自らの身体にとって真に健康的なものかどうか。こうした点を極限まで追究していった。

さらに驚くべきことに、ガンディーは社会だけでなく、自分が何を美味しいと感じ、何を不味いと感じるのかという身体の本能的とされる機能さえも「変革（reform）」可能であると考えた。社会制度や文化だけでなく、人間の味覚さえも、多かれ少なかれ植民地統治の産物であると考えたラディカルなインド人政治家は、同時代にガンディーの他にはいなかっただろう。

本章は、学生時代から晩年に至るガンディーの食の実験の発展と変容の過程を見ていく。これにより、ガンディーの社会・政治領域におけるサッティヤーグラハ運動が、いかに彼の食の真実をめぐる日常実践と切り離せないものであったのかを明らかにしていく。また、反植民地闘争の背後で行われ続けていた食の実験に光を当てる作業は、ガンディーの「塩の行進」に潜伏する象徴的意義を浮き彫りにする作業でもある。本章の最終節では、晩年のガンディーのレシピを見て、その現在的意義について考察していく。

1　菜食主義への目覚め

†ロンドンで見つけた「伝統」の価値

ロンドンに留学前のガンディーは、イギリスに対して憧れと嫌悪という両義的感情を持った典型的なミドルクラス（英語教育を受けた現地エリート。インド人大衆と植民地政府とを繋ぐ中間《ミドル》的役割を果たした）のインド人であった。彼は『自伝』の中で、高校時代に知人がキリスト教に改宗して肉食と飲酒を行うようになったという噂を聞いて、西洋文化に嫌悪感を持ったと記録している。同時に、長身でスーツを着こなし、科学技術・産業・ファッションの先端にいるイギリス人に対し、劣等感と共に強い憧憬の念を抱いていた。渡英する前の若きガンディーは、「哲学者と詩人の地であり、文明のまさに中心地であるイギリス」に行くことに胸を高鳴らせていた（『全集』一巻）。

出航前、ガンディーがロンドンに留学することに猛反対した人物が家族に一人いた。母のプトゥリーバーイーだった。第五章で見るように、母は敬虔なプラナーミー派（他宗教の信仰にも開かれたヴィシュヌ派の一宗派）の信徒であり、日々の祈りを欠かすことがなく、断食日を厳格に守った。母は息子のガンディーがロンドンに行くことで、放埒な生活に溺れてしまうのではないかと気が気でなかった。そこで、母はジャイナ教徒の僧侶を呼んで、ロンドン留学中に「肉・酒・女」に決して手を出さない誓いをガンディーに立てさせたのだった。

だが、このような母の心配を、ガンディーのロンドン留学は良い意味で裏切ることになった。ガンディーがロンドンで交流したイギリス人の友人は、彼に自国の伝統慣習を破るどころか、その価値を発見する手助けをした。ガンディーは当時のロンドンで新しい風潮であった菜食主義運動（英語の vegetarianism の語源は、一九世紀半ばのイギリスにある）に従事する「流行好き(faddist)」のイギリス人と交流した。ガンディーがヒンドゥー教の聖典である『バガヴァッド・ギーター』を初めて自ら手に取って読んだのもロンドンにおいてであった。もし、ガンディーが留学を断念し、インドに居住し続けていたら、恐らく彼は生涯イギリスに生半可に憧れ続ける凡庸なミドルクラスのインド人に止まっていたことだろう。奇しくも、ガンディーが菜食主義やインド発祥の宗教（ヒンドゥー教、ジャイナ教、仏教など）の意義を最初に学んだのは、他でもなくロンドンの先進的なイギリス人たちとの交流を通してであった。

ガンディーが留学した一九世紀のヴィクトリア朝期のイギリスは特殊な時代状況の中にあった。経済学者のW・ジェヴォンズが「世界の工場」と呼んだように、イギリスは世界各地の原材料を輸入して国内で加工・生産し輸出することで国力を強めていた。さらに、鉄道や蒸気船の普及による交通革命と石炭エネルギーの発達や機械生産技術によって飛躍的な経済成長と社会変動を遂げていた。

一方で、このような資本主義経済の発展の陰では、貧富の格差、労働問題、環境汚染といった事柄が社会問題化し、政治経済の歪みが露呈されつつあった。ロンドンには、大英帝国の栄光を讃える帝国主義者と、行き過ぎた西洋文明に警鐘を鳴らすナチュラリスト（自然愛好家）や異国情緒を求める東洋主義者《オリエンタリスト》が混在していた。ガンディーがロンドンで交流することになるイギリス人たちは、まさに後者の人々だったのである。

✝菜食主義レストランでの出会い

ガンディーとこれらのイギリス人たちとの交流の原点は、ガンディーがロンドンで滞在したウェスト・ケンジントンの下宿先から一一㎞ほど離れた場所にある菜食主義レストランだった。

一八八八年一〇月末頃にロンドンに到着したガンディーの前にさっそく立ちはだかった難題は、いかにイギリスで菜食生活を維持できるのかということだった。下宿先を見つけてから間もなく、ガンディーは菜食主義レストランを探したが、幸運にも市内に一つだけ菜食メニューを提供している店を見つけることができた。

この菜食主義レストランに通い始めたことが、ガンディーの生涯の最初の転換をもたらしたと言っても過言ではない。というのも、このレストランは、ロンドンで最古の菜食主義者組織であるロンドン菜食主義協会（マンチェスター菜食主義協会から一八八八年に独立した組織）の事務所に隣接していたからである。このレストランや協会の活動を通して知り合った著名人であるジョサイア・オールドフィールド、エドウィン・アーノルド、ヘンリー・ソルト（名前が似ているがヘンリー・デイヴィッド・ソローとは別人物）らとは、留学後も長期にわたって関係が続いた。

極めて興味深いことに、ガンディーがロンドン滞在中に書いた日記の中には、法律の学びについての記述はほとんどなく、日記の大半は菜食レシピや食費の節約などに関わる事柄で占められていた（『全集』一巻）。ロンドンは、後の著しい出世を保証することになる弁護士資格をガンディーに提供した地であったが、彼自身にとっては、菜食主義者との交流の場としての重要性の方が大きかった。

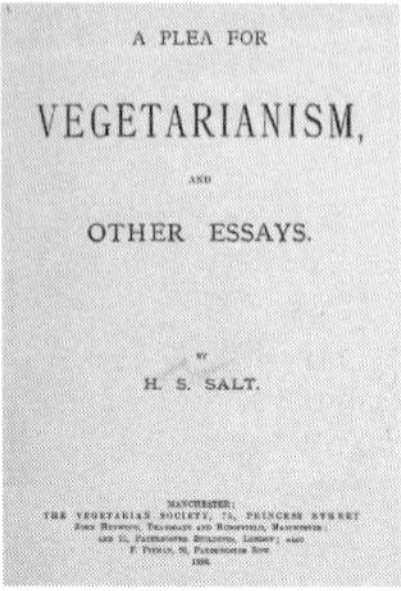

写真2-1　ヘンリー・ソルト『菜食主義の訴え』初版表紙

写真2-2　ジョサイア・オールドフィールド

ガンディーはレストランに入った初日に、興味本位でショーウィンドウに置かれていた一一五頁の小冊子であるヘンリー・ソルトの『菜食主義の訴え』（一八八六年。写真2-1）を一シリングで買った。ソルトはイギリスの菜食主義運動の第一人者であり、近代西洋において動物の権利論を最初に打ち出した先駆的存在の一人であった。ガンディーはこの本の内容に深く感動し、隅から隅まで読んだという。そして、この本によって、後述する通り、初めて自らが菜食主義であることを臆することなく胸を張って言えるようになった。

　ガンディーの生涯を変えたもう一つの重要な出会いは、レストランで知り合ったロンドン菜食主義協会が発行する『ザ・ヴェジタリアン』紙の編集者であり、西ロンドン食品改革協会の会長であったジョサイア・オールドフィールド（写真2-2）との出会いであった。髪の毛や髭を伸ばし放題にした典型的風貌のナチュラリストであるオールドフィールドと、ガンディーはすぐに親しくなった。その後、ガンディーはロンドン菜食主義協会の会員になり書記を務めるまでになった。協会においてガンディーは、主にインドの菜食文化を紹介する任務を担ったが、これによって、必死に自国の文化についても学び知識を増やした。さらに、帰国する四カ月前の一八九一年二月に、ガンディーがロンドン菜食主義協会の集会で行った菜食を含むインドの文化を紹介した講演は好評で、すぐに二月から五月にかけて『ザ・ヴェジタリアン』紙に一〇回にわたる連載記事として掲載された。

この頃のガンディーは、上層カースト・ヒンドゥーに典型的なラクト・ヴェジタリアンであったが、オールドフィールドは果実食者《フルータリアン》であった。ガンディーはロンドン滞在最後の数カ月間を、オールドフィールドと同居していたこともあり、果実食についても少なからぬ知識を持ったに違いない。

†菜食で「強く」「男らしく」なる

こうして様々なイギリス人と交流する中で、ガンディーは近代西洋の菜食主義思想を吸収していった。ここで留意しておきたいことは、ロンドン留学中のガンディーの菜食における最も中心的な関心は、いわゆる環境や動物の痛みへの配慮といった倫理的性質の事柄ではなかったということである。この頃にガンディーが関心を持っていたのは、菜食が医学的観点から見て、肉食よりも健康的であり、かつ身体強化に有用であるという議論であった。同時代の多くのミドルクラスのインド人は、菜食のせいでインド人がイギリス人と比べて体が小さく脆弱になっていると信じており、ガンディーも例外ではなかった。こうした菜食主義に対する考え方が、ロンドンで変わったのだった。

ガンディーは自らが『ザ・ヴェジタリアン』紙一八九一年二月二八日号に投稿した記事で、インドにおける菜食主義の羊飼いや北西部に居住する農民が非常に健康的で強靭な体格を持っている事実に言及し、「菜食主義と身体的な強健さが相容れない」とし、「ヒンドゥー教徒の脆弱な体格」が菜食主義によるとする一部の人々の主張は、「根拠を欠いた空虚な議論に過ぎない」と書いている。

ちなみに、しばしば誤解されていることであるが、若い頃のガンディーは身体面で平均的なインド人と比べて決して劣っていた訳ではなかった。たとえば、これまで多くの伝記作家たちによって、ガンディーは小柄で痩せ細っていたと説明されてきたが、それはあくまでヨーロッパ人の体形との比較においてであり、五フィート六インチ（約一六八㎝）の身長だったガンディーは、当時のインド人の平均身長と比してむしろ背が高い方だった。また、ガンディーと対面インタビューも行ったジャーナリストのルイス・フィッシャーは、ガンディーが「醜い」顔をしていたと記しているが、若い頃のガンディーは端正な顔立ちをしており（写真2-3）、ロンドン留学中には、既婚者であることを隠して若いイギリス人女性と交際していたこともあった。巻で知られるガンディーの痩せ細った体形は、南アフリカで果実食を実践するようになった四〇代以降の姿である。

教育面においても同様なことが言える。ガンディーは『自伝』で、伝記作家のラージモーハン・ガンディーの言葉を借りれば「自己卑下的」とも言える過剰な謙虚さから(『ガンディー』二〇〇八年)、自らの学生時代の失敗談ばかりを綴っている。だが、ガンディーの通っていた高校はグジャラートの名門であり、この学校でガンディーは成績優秀のために度々賞を受け、カーティヤーワール半島出身のトップの生徒に与えられる奨学金も受けていた。

若い頃のガンディーはそれなりに自分の身体やステータスに自信を持っていたと考えられ、この時期のガンディーの言葉からは、社会のマイノリティの苦悶(カースト差別、人種差別、動物の痛みなど)に対する共感を示す言葉はほとんどうかがわれない。それよりも、菜食によっていかにイギリス人のように「強く」「男らしく」なるのかという主題の方が重要であった。自らの有色の肌に自覚を持ち、世の苦しみに目を向け、菜食主義の意味を倫理的・宗教的レベルから深く追究するようになったのは、南アフリカ滞在期以降である。

写真2-3　ロンドン留学時代のガンディー

2　味覚の植民地化

†チョコレートの中に「死」を見る

第一章で見た通り、ロンドン留学を終えてインドに一時帰国した後、ガンディーは二三歳で法律関連の仕事に従事するために南アフリカに渡った。弁護士資格を有する数少ないエリート・インド人の一人であったガンディーは、英国流のスーツを身にまとい、悠々と列車の一等車に乗って、商会の経営主に会いに南アフリカのダーバン港からプレトリア市に向かっていた。しばらくして、「黒人」が一等車に乗っていることに気付いたある乗客は車掌に通報し、ガンディーは途中のマリッツバーグ駅で、荷物もろとも列車から放り出された。その後、第一章で見たように、目的地のプレトリアに到着するまでにさらなる白人（恐らく、オランダ系移民のボーア人）による暴行を受けた。

この南アフリカ到着後わずか二週間で、ガンディーの価値観は一変し、それまで見えなかった多くのものがにわかに目に入ってくるようになった。すでに述べた通り、グジャラート地方で優遇された階級に生まれ育ったガンディーは、社会で不遇な状況に追いやられている人々に特別の関心を払うことはなかった。だが今自らが、能力も資格もイギリス人同等かそれ以上であるにもかかわらず、ただ肌が黒い（褐色）という一点の理由だけで、人間としての全ての権利を剝奪されたのだった。こうした経験を通して、ガンディーは社会には自分と同じような人々、否、もっと過酷な苦境に立たされている人々が無数に存在していることに気付いたのだった。

まずガンディーが目を向けたのは、南アフリカに在留している自分と同じインド人移民の苦境だった。その大多数を占めていたのは砂糖・紅茶・コーヒーのプランテーション農場で働く年季契約労働者あるいは年季契約労働が満了したインド人だった。

一八六〇年以降、インド政庁は国内の余剰労働力のはけ口としてイギリス領であった南アフリカのケープ植民地にインド人を送るようになった。次第にインド人移民の人口は、ナタール植民地やトランスヴァール共和国・植民地でも増加し、前者では白人人口に匹敵するまでになった。自らの仕事を奪われてしまうことを懸念するようになった白人たちの間には、移民に対する排除の気運が高まっていった。政府は移民労働者を永住させないように、五年の契約期間を設け、それ以上の滞在を望む場合には、当時のインド人労働者の平均年収（一二～一八ポンド）から考えても不当に高額な人頭税（三ポンド）の支払いを毎年課した。

白人から蔑みの目で見られていた移民労働者は、イギリス人やボーア人の農場主からほとんど非人道的な扱いを受けており、その状況はまさに「新しい奴隷制」（法的には奴隷制度は一八三三年に廃止されていた）と呼ばれうるものであった。ガンディーは集団的不服従運動に本格的に従事するまで、南アフリカで弁護士として生計を立てていたが、彼の法律事務所には、しばしば農園主に殴られ、ずたぼろになったインド人の年季契約労働者が助けを求めにやってきた。

そして、ガンディーはこのようなインド人労働者よりも、さらに悲惨な状況に置かれ、動物同然の扱いを受けていたもう一つの存在を知った。原住アフリカ人である。ガンディーは、アフリカにおける原住アフリカ人が、カカオ農園で最も過酷なレベルの労働環境で働かされている事実を知った。ガンディーは一九一一年に親しい友人に宛てた書簡の中で、次のように書いている。

> カカオはコンゴで生産されており、そこにおいて黒人たちは自らが耐えうるあらゆる限界を超えた労働を強要されています。［……］カカオ・プランテーションでは、黒人たちは人間として見なされず、冷酷な扱いを受けています。もし私たちが自分の目でその状況を目撃するならば、私たちはココアを飲む気が失せるでしょう。『全集』九六巻」

そして、ガンディーは、「私はチョコレートの中に死を見る」と書いた。

いったいなぜなのか。なぜ、「有色」人種は生まれながらの身体上の違いだけで、このような不遇な状況に置かれているのか。そして、なぜ、こうした明らかな不正が社会で許されているのか。心に生じた様々な疑問の渦に巻き込まれる中、ガンディーは弁護士業に従事しながら、答えを求めて狂ったように本を渉猟した。ガンディーは多忙な仕事をこなすかたわら、南アフリカ滞在の最初の一年間に八〇冊以上の英語やインド諸語の本を読んだ。この時期をガンディーは後に振り返って『自伝』で「宗教的攪拌」の時期だったと回想している。

これら数十冊の本の中で、ガンディーはついに自分の疑問に答える本に出会った。それがロシアの文豪であるレフ・トルストイの『神の国は汝らのただ中にあり』（一八九四年）という著作であった（第五章参照）。トルストイの思想は、後にガンディーが傾倒することになるもう一人の思想家であるアメリカの詩人ヘンリー・デイヴィッド・ソローの思想から強く影響を受けており、西洋社会に存在している様々な不正（軍事侵略、人種差別など）は、為政者からの一方的な押し付けでは成り立たず、下からの、つまり民衆側の意識的・無意識的な「同意」によって可能となっていることを本の中で説明していた。そして、トルストイは、このような状況を改革するための方法は単純明快であり、たった一つのことをするだけで十分であると述べた。つまり、「不服従」である。

ガンディーはこのトルストイの力強い主張に衝撃を受けたという。ガンディーは後に、しばしばトルストイを自らの生涯に最も大きな影響を与えた人物の一人であったと語った。

†人間本来の味覚の疎外という問題

ガンディーはトルストイやソローの著作から、「市民的不服従（civil disobedience）」の思想を学び、この思想こそが、現状を打破する鍵となると確信するに至った。人種差別が存在しているのは、人々の何気ない同意（多くの場合、それらは「善良な人々」）によるものであり、それを撤廃するために必要なことは決して難しいことではなく、その同意を拒めば良いというわけである。

ただ、これだけでは説得力に欠けると言わざるをえない。何気ない同意と言うが、そもそも、なぜ「善良な人々」が明らかに不正に見える事柄に対して同意をするのか。その不正は目を背けたくなるほどの残虐さを含んでいるのではないか。そして、トルストイが述べるようにそれを変革することが簡単であるならば、なぜさっさと人々は不服従という解決策を取ろうとしないのか。

ここでガンディーは社会的不正を糾弾するトルストイやソローの思想に決定的に抜け落ちていた人間の「身体」という次元の問題に目を向けた。ガンディーはトルストイやソローが説く、抑圧される側の「良心」に基づく市民的不服従論は、それだけでは楽観的な理想主義に過ぎないと考えた。なぜなら、為政者だけでなく、抑圧される者もまた、同じように欲深く、自分よりもさらに弱い人間を見つけては傷つけ、他人を押しのけて優位に立ちたいという願望を持っており、良心は曇らされているはずだからである。そして、このような願望の根源は全ての人間の身体に生まれながらに備わっている自己中心的本能である。この自己中心的本能の問題に向き合うことなしには、真の意味で「良心」に従うことなどできないはずである。

このような問題意識を持っていた時に、ガンディーの頭の中にはかつてロンドンで夢中になって読んだソルトの『菜食主義の訴え』の内容が思い起こされた。ガンディーはサッティヤーグラハ運動を指導している間も、ソルトが書いた著述を読んだ。インド人の身体強化ばかりに関心を持っていたロンドン滞在期と異なり、根本的な価値観の変容を遂げた後のガンディーの心には、ソルトの動物の「痛み」や「苦しみ」をめぐる記述がより重要な意味を持った。

ソルトは、『菜食主義の訴え』の中で、なぜ感覚のある動物の痛みや苦しみに全く配慮しない現状の「残虐な」食のシステムが、社会の大多数の善良な人々によって支えられ継続しているのかを問うた。しかも、このような動物に多大な苦痛を与える肉食は、「医学的」観点から見ても人間の「健康」や「生存」にとって、菜食と比べて何の卓越したメリットもない。ソルトによれば、人々が肉食を続ける最大の理由は、つとに他者の痛みや自己の健康の配慮よりも先に、人々が目先の「美味しさ」を求めるからである。そして、そのような「美味しさ」の追求は、さらなる豊かな人々の間の不摂生や「過剰に刺激的な」食習慣を生み出すという。

ここでガンディーは改めて、アフリカで黒人たちに課されている奴隷労働について見つめ直してみた。砂糖農園、カカオ農園、紅茶農園、コーヒー農園……。これらの内どれ一つとして、人々の生存維持には欠かせないものはない。それらは、ただ人々の味覚の欲求を充足する嗜好品である。しかも、これらは全て多かれ少なかれ中毒性を持つ。ガンディーはここに、人間の「自然本来の味覚」の疎外という問題を見た。

本来、美味しい、不味いという味覚は、動物自らが口にするものが、毒性のものでないか、体に健康的であるかを見分けるための機能であった。それにもかかわらず、文明化された社会において人々の味覚は、健康や生存維持と乖離したものとなっていった。人々は、体にとって健康的なものではなく、「過剰に刺激的な」食物を「美味しい」と感じるようになった。本来、毒性のあるものや健康的なものを見分けるための機能であった味覚が、いつの間にか、体に毒のあるものを欲する機能へと変貌してしまったのである。このことはガンディーによれば、「近代文明」の「巨大な病」の徴候に他ならなかった。

ガンディーは真に有用な政治変革をするためには、まず私たちが何を美味しいと感じ、何を不味いと感じるのかという味覚の変革をする必要があること、つまり健康的=非暴力的なものこそ美味しいと感じる「自然本来の味覚」を取り戻す必要があると見て取った。これにより、人々は初めて暴力的システムの依存関係から脱却することを自発的に求めるようになる。つまり、人種差別主義問題と食生活における味覚の疎外の問題は表裏一体なのである。

こうして、ガンディーはトルストイやソローの思想とソルトの思想の内容を独自に接合していった。ガンディーの人種差別撤廃を求めるサッティヤーグラハ運動は、まさに「食の真実」にしがみつこうとする運動でもあったのだ。

†果実食の実験

このような考えの下、ガンディーは南アフリカで人種差別撤廃のための集団的不服従運動を行うかたわらで、人間に真に必要=健康な食べ物とは何かを徹底的に探求する実験を開始していった。南アフリカ滞在中にガンディーが最終的に行きついたレシピや食の見解は、彼が一九一三年に執筆した「健康に関する一般的な知識」という連載記事(一九二一年に『健康について』と題する一冊の本として出版)の中にまとめられた。

ガンディーが実験を続ける中で行きついた「非暴力的な」レシピは、プランテン(甘くないバナナ)、落花生、オリーブオイル、ライムなどの柑橘類のみで作られた生の果実食であった。驚くべきことに、ガンディーは健康的=非暴力的な食を求める途上で、ヒンドゥー教徒にとって神聖とされているミルクさえも断念していった。さらに、インド料理に欠かせないコリアンダー、ターメリック、唐辛子、クミンシードといった香辛料《マサラ》も、そもそも人間の生存維持に不必要であるとしてそぎ落としていった。こうして、ガンディーはかつてロンドンであまり共感することのなかったオールドフィールドの果実食の意義を発見していったのだった。

果実食を南アフリカ滞在期にガンディーが行うようになった背景には、地理的・風土的な問題も関係していた。ガンディーが一九一〇年から仲間と居住するようになったヨハネスブルグ郊外のトルストイ農場と呼ばれた自給自足の共同農場は、野生の果実が育成する肥沃な土地にあった。ガンディーは可能な限り、食材は自給自足のものが望ましいと考えていた。そもそも、自らが食べているものが、輸送システムを通して、自分の足の及ばない遠い場所からやってきているということも、暴力的なシステムを変革する意図を人々からそぎ落とす重要な理由の一つであるとガンディーは考えていたからである。

ガンディーは南アフリカでたまたま肥沃な土地に居住することができたという幸運も重なって、自分の望むまま食の実験を行うことができた。一九一五年にインドへ帰国して以降は、土地や気候の違いや、ガンディー自身の健康上の理由からも、南アフリカで行っていたような果実食は継続困難になった。後述する通り、ガンディーは再び、ミルクを飲み、簡素ながらも調理した野菜を食べるようになっていった。

ガンディーの果実食には賛否両論があるだろうが、いずれにしろ特筆すべきことは南アフリカでこうした自給自足の果実食を行っていたガンディーが誰よりも健康な状態で、多大なエネルギーを要する最大数千人規模の集団的不服従運動を率いて、膨大な労働を日々こなしていたという事実であろう。

3 塩、その「非暴力的」な食材

†インド塩税法への抵抗

生涯にわたって「非暴力的」なレシピを探求したガンディーにとって、完全に非暴力的な食材とは何だったのだろうか。もし、そのようなものがあるとすれば、それは次の三つの条件を全て満たしていなければならなかっただろう。

第一に、そのような食材は誰も・何も傷つけていないということである。ここで言われる「誰も・何も」というのは、動植物を問わない全ての食べられる対象と、食の生産過程の両方を意味する。第二に、誰でも入手可能であるということである。非暴力的な食物は特定の地域だけに存在していたり、有閑な特権階級だけが入手できるようなものであってはならない。第三に、健康的であるということである。非暴力的な食物は、それを食べる者の健康・生存維持に不可欠なものでなければならない。

これらの三つの条件を満たす食物があるとしたらそれは何だろうか。それは塩である。動物でも植物でもない塩は、恐らく人間が意識的に摂取する最も身近な無生物（つまり、痛みを伴わない）である（同じように水は非暴力的な飲み物と言えるだろう）。また、塩を作る過程は、全ての人々に開かれており、高い質を望まない限り、誰でも簡素な道具を用いて作ることができる。塩のアクセスは囲い込まれた農地や工場など場所的に制限されておらず、万人が訪れることが可能な海にある。そして、何より塩分は人間の生存に欠かすことができない基本的な栄養素の一つである。

一八八二年にイギリスが制定した「インド塩税法」は、塩を専売して一般庶民にとって多額の消費税を取ることで、インド人自身が亜大陸に面したインド洋で自由に製塩活動をすることを禁じた法律である。ガンディーはこの塩税法こそが、植民地支配の諸悪の根源であると糾弾した。

先に述べた通り、塩は全ての人々の日常生活に欠かせないものであり、またその入手や使用は本来全ての人間に開かれたものでなければならない。さらに、料理の味の決め手である塩の支配は、インド人の味覚の支配をも意味する。塩の独占は、インド人の生活全体をイギリス人が支配していることを象徴していたのである。

なぜ、インド人の私生活に「他人」が介入してくるのか。なぜ、インド人は自分たちの料理に味つけするために、「他人」にお金を支払わないといけないのか。ガンディーは塩を争点とする単純明快な論理を打ち出して、政治問題にほとんど無関心だった大多数のインド人をも見事に独立運動に動員した。

ガンディーは一九三〇年に、反英独立運動の中心的課題として塩税法の撤廃を掲げるようになった。このような着想に至った背景には、ガンディーが学生時代から行っていた様々な食の実験が密接に関係していた。自給自足の果樹園で生活することのできた南アフリカ滞在期に執筆した「健康に関する一般的知識」では、「塩は多くの調味料よりも有害である」とするイギリスの果実食者の見解に言及しつつ、「香辛料に当てはまる批判は、塩にも当てはまる」として、ガンディーは塩無しのレシピを提唱していた。それに対して、インドに帰国して以降、塩抜きの生活が与える健康上のリスクを自らの経験から学び、ガンディーはそれまでの見解を変更し、今度は塩を香辛料と区別して、「身体にとって最も必要不可欠」な調味料であると語るようになった。塩の行進時にも、ガンディーは「空気や水の次に、塩は生活上の最も重要な必需品である」と声高に語った（『青年インド』紙一九三〇年二月二七日号）。

†「食の真実」にしがみついた歴史的瞬間

序章で述べたように、ガンディーが約三八八kmの道のりを徒歩で行進し、海岸で製塩活動を開始するという「奇妙な考え」を聞いた時、イギリス当局はその案を一笑に付した。インド国民会議の政治家たちもまたガンディーの突拍子もない計画に「困惑した」。「日常的な塩がなぜ国民闘争に関係するのか」、同時代の政治家たちは全く理解不能であったという(J・ネルー『自叙伝』一九三六年)。仮に塩税法が植民地統治の一環を示すものであっても、エリートたちからすれば重大な問題となりうるほどの税額には思えなかった。さらに、なぜ徒歩でなければならないのか。車で海岸まで行って製塩活動をすれば良いのではないか。周囲から批判や疑問の声は尽きなかった。

だが、ガンディーが見ていたのは、税額や製塩活動という行為そのものではなく、塩を取りに徒歩で行進することに伴う象徴的な効果であった。行進の結果がどうであったかはすでに序章で述べた通りである。七九人から始まった行進は、二四日目に目的地の海岸に着いた頃には一万二〇〇〇人に膨れ上がり、その様子はマスメディアによってインド全土に報道され、最終的に数百万人のインド人が各地で集団的不服従運動に参加するに至った。

当時六〇歳に達していたガンディーが徒歩で行進する姿は多くの人々に衝撃を与えた。炎天下で過酷な労働を強いられる農民にとって、西洋風のスーツを着て、豪華絢爛な宮殿の中で会合を行っているインド人政治家は、別世界に生きる人間であった。しかしながら、腰布一枚の姿となって、明日をかえりみずに行進するガンディーの姿は、農民たちの魂を揺さぶった。

そして、ガンディーが闘っているのは、全てのインド人の日常の食卓に深くかかわる塩の支配に対してである。このことは、第四章でも見るように、それまで政治から疎外されていた女性たちの想像力をも強く搔き立てた。歴史家のトマス・ウェーバーが述べるように、それまで「家」に閉じ込められていた「女性たちは次第に勇敢になっていき、興奮した空気に感染されて」、塩税法違反のためのピケット活動を開始し、塩の行進における抗議主体の中心的人材となっていった。

「私たち全員」のためにガンディーは闘ってくれているのだから、「私たち全員」も同じように闘わなければならない。塩税法を破りに海岸に行進するガンディーの姿は、階級やジェンダーの壁を越えて老若男女を一致団結させた。

すでに述べたように、行進の時、ガンディーの年齢は六〇歳だったが、平均して一日当たり約一〇マイル（一六km）を二四日間、合計二四一マイル（約三八八km）の距離を歩く行進は、彼にとって「子供の遊び」だったという（『青年インド』紙一九三〇年四月三日号）。大変興味深いことに、この一〇マイルというのは、ちょうどガンディーが若い時から老年に至るまで日課にしていたウォーキングの距離に当たった（第一章参照）。ガンディーは自分の体力の限界も完璧に計算していたのである。

塩の行進は、ガンディーの食の真実にしがみつこうとする実験の集大成的な意味を持つ実践であった。食卓と政治という一見相容れない公私の領域が架橋された歴史的に見ても類まれな瞬間であったと言える。

だが、この塩の行進で唯一参加を促すことに失敗したのは、第五章でも見るように、インドに在住するムスリム（イスラーム教徒）であった。

†ミルクをめぐる葛藤

様々な食の真実をめぐる実験を繰り返したガンディーであったが、彼が晩年に行きついた「非暴力的」レシピとはいかなるものだったのだろうか。それは、彼が死去する四年前に、デリーで投獄されていた時にグジャラーティー語で記し、没年である一九四八年に刊行された『健康の鍵』という本の中に見ることができる。ガンディーはその中で、理想的な菜食が、葉野菜の他に、穀類、豆類、根菜、塊茎と生や乾燥した果実を含むことを書いている。果実にはアーモンド、ピスタチオ、ウォールナッツなどのナッツ類が含まれる。調理方法は簡素で、野菜は生か茹でるのみで、少量の塩を追加する。食材だけを見ても、南アフリカで書かれた「健康に関する一般的知識」の時よりも、ずっとレシピの内容が充実していることが分かる。ガンディーはこれらの食材に基づくレシピが、「純粋な（＝非暴力的な）」菜食を目指す中で生まれたと認識していた。

だが、ガンディーは最終的に自らが「純粋な」菜食に至ることができなかったことを正直に告白している。ガンディーが妥協せざるをえなかった唯一の食材があった。それはミルクである。ガンディーは生涯にわたって、何とかミルクの摂取を控えることができないかと模索し続けた。そして、自らの健康を維持するために、どうしてもこれを飲み続けなければならなかったことを悔やんだ。ちなみに、ガンディーがミルクを「純粋な」菜食ではないとする主張は、ミルクを重要かつ神聖視する通常のヒンドゥー教の菜食主義の慣習とは相容れない。

それでは、ガンディーはミルクを飲むことが「純粋」ではないとの考えを一体いつ・どこで学んだのだろうか。ガンディーは南アフリカに滞在している一九一二年頃に、ある本の中で、カルカッタ（現コルカタ）で搾乳中の牛に甚大な痛みを加える「プーンカー」（唐辛子などの刺激物を牝牛の乳に吹き付ける強制的搾乳）という実践が行われていることを知った。そして、このような動物に不必要な苦痛を与えるシステムに協力するわけにはいかないという理由で、ミルクを控えることを考えた。

だが、これだけであれば、自分で牛や山羊を飼って、動物にストレスをかけない形で搾乳することができたはずである。ガンディーがミルクを控えようと思ったもう一つの重要な理由は、自身と同じグジャラート出身のジャイナ教徒のシュリーマッド・ラージチャンドラ（第四章参照）という人物の著述からの影響が関係していた。ラージチャンドラは、トルストイなどと並び、ガンディーが生涯で最も大きな影響を受けたと自認する数少ない人物の一人であった。ガンディーは尊敬するラージチャンドラの著作（『解脱の言葉』一八八四年）の中に、「ミルク、カード、ギーなどのような甘く油性の物質」が「精液」の生成を促し「性欲」を生み出すという記述を読んだ。これ以降、ガンディーはミルクが人間に性欲を生み出すとずっと信じていたようである。

ガンディーはこれらの二つの理由から一九一二年に、トルストイ農場で、ミルク無しの生活を生涯貫徹することを誓った。だが、ガンディーは一九一四年（インドに帰国する前の一年間のロンドン滞在中）に、赤痢にかかり生死の境を彷徨った。医者から牛乳を飲むことで、健康を取り戻すことができると言われたが、誓いを破ることはできず、それを一旦は拒んだが、状況の悪化から飲まざるをえなくなった。そこで妻の提案もあり、せめて牛のミルクは避けて、山羊のミルクを飲むことにした。その後、ガンディーは何度も他の植物性の飲物でミルクを代替できないかと一時はアーモンドミルクなども考えたが、コストがかかりすぎるという理由から、それを断念した。

いずれにしろ、ガンディーは晩年に至るまで、ミルクを飲まなければならないことに、常に後ろめたさを感じていたようである。換言すれば、ガンディーは最期の瞬間まで、自らが実践する「非暴力的」レシピは不完全であったと考えていたのである。もちろん、ミルクが性欲を生み出すという信念には何の科学的根拠もないが、ここで留意したいことは「マハートマー（偉大なる魂を持つ者）」と周囲から尊称されていたガンディーが晩年に至っても、決して完全性を主張せず、常に自らに内在する暴力性に自覚的であろうとしたことである。

晩年のレシピ

一九四八年一月三〇日午後五時一七分に、ガンディーはデリーのビルラ邸の庭で開催された祈りの集会に向かう途中に、ヒンドゥー教徒の男に銃殺された。この日、ガンディーが食べた生涯最後の食事は次のようなものだった。鉢に入った茹で野菜、一二オンス（約三五〇㎖）の山羊のミルク、熟したトマト四個、オレンジ四個、生の人参ジュース一杯、小さなグラスに入れられた生姜・ライム・アロエの搾り汁であった。ここでもガンディーはミルクを飲むことから解放されることができず、最後まで苦悶していた。

ちなみに、この晩年のレシピについて興味深いことに、著述家・政治家であるゴーパルクリシュナ・ガンディー（奇しくもガンディーの孫に当たる）は、ガンディー自身の後ろめたさに反して、これらのレシピが医学的観点から糖尿病の予防に繋がりうることを指摘している。「彼［ガンディー］は糖尿病を防止するための生活改善といったことについて知識は持ち合わせていなかったと思われるが、糖尿病を阻止するためにこれらのものを食べるべきとの直観を持ち合わせていた」（『ザ・ヒンドゥー』紙二〇一八年七月二一日号）。

実のところ、ガンディーが生涯で提示していたレシピの多くは、ヴィーガンや健康食品が流行している昨今の動向を鑑みて、驚くほど今日的に見える。ここで忘れてはならないことは、ガンディーが食の実験を開始した時代は、今から一〇〇年以上も前であり、その頃は栄養に関する科学的知識は今に比べてほとんど普及していなかったということである。

たとえば、ビタミンが発見され一般に知れ渡ったのは、ようやく一九二〇年代以降であり、タンパク質については一九世紀から二〇世紀転換期にその存在が科学者の間で認知されつつあったが、その栄養学的な効用などの具体的なことは何も明らかになっていなかった。ガンディーは常に最新の科学的発見に興味を持っており、その知識を貪欲に入手しようとしたが（写真2-4）、彼のレシピのほとんどは、菜食主義が健康にもたらす影響が解明される以前に、彼自身の経験と直観によって作り出されたものであった。

加えて、本章で見たように、ガンディーが一九世紀末から二〇世紀初頭の時点で、いち早く砂糖・紅茶・コーヒー・カカオのプランテーション農場の非人道的な労働環境に警鐘を鳴らしていたことも特筆に値する。こうした労働者の苦境が一部の慈善団体に認知され、フェアトレード（オルタナティブ・トレード）が普及していったのは、ガンディーが問題に警鐘を鳴らしてから半世紀も後のことであった。さらに、ガンディーはこのような「暴力的」な生産過程で生み出されている食品の多くが、「健康」にとっても有益ではないことを警告していた。

ガンディー没後の世界では、食の安全はますます脅かされ、私たちの味覚はますます疎外されているように思われる。現在市場に出回っているほとんどの見た目が均質で安価な野菜・果物・穀類は、大量の農薬、遺伝子組み換えや種子の操作、単一栽培など、生態系や健康に与えるリスクが十分に考慮されないまま普及している「科学技術」の産物である。今日に至ってもなお、チョコレートと砂糖を大量に使った商品が食品コーナーの一角を占めている。名ばかりのフェアトレードが流行しているが、それが本当に末端の生産者の生活を改善しているのかは、ほとんど誰にも分からない。

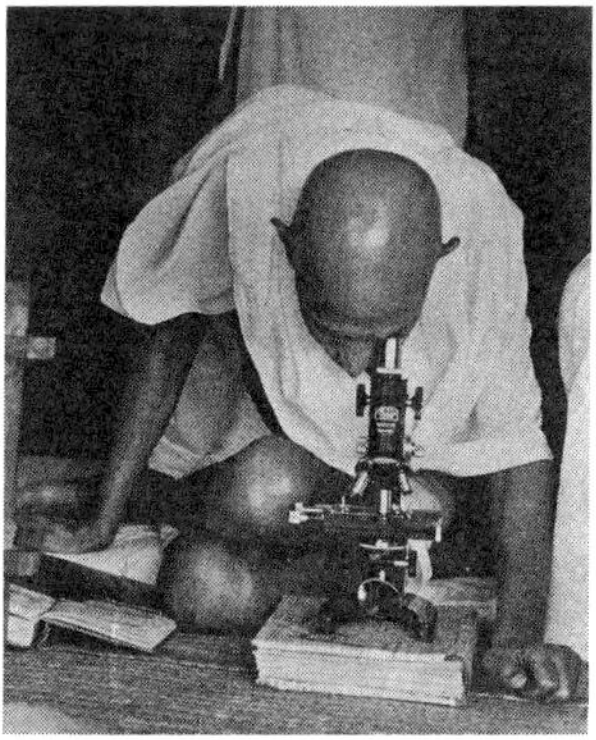

写真 2-4　顕微鏡でハンセン菌を観察する姿（1940 年頃）

日々の食卓の背後にある他者（生産者、動植物、環境）の「苦しみ」に対する配慮を持つことは、現在にあってますます重要性を増している。そして、このことは結局、私たち自身の真の健康と味覚を取り戻す過程でもある。ガンディーの食のサッティヤーグラハは、私たちが忘れがちな最も身近な日常の真実に気づかせてくれる。

第三章

衣服の真実

——本当の美しさを求めて

一九歳の青年ガンディーがイギリスのサザンプトン港に下船した時、彼は全身真っ白なフランネルスーツを着ていた。ロンドン留学に向けて、友人たちが誂えてくれた新品のスーツだった。だが、下船してから周囲を見渡したガンディーは、すぐに誰も自分と同じような格好をしていないことに気付いた。場違いなスーツを着たガンディーは、「恥ずかしい気持ちでいっぱいになって」、宿泊先のホテルですぐに服を着替えようとした。迎えにきたインド人の知人は、このシャイで田舎者の青年を面白おかしくからかった。

時は流れること一九三一年、六一歳のガンディーがイギリスの首相と交渉するために再びロンドンにやってきた時、彼は全身真っ白なカーディー（手紡ぎ手織りの綿布）を身にまとっていた。下船して周囲を見渡すと、案の定、自分と同じような格好の者は一人もいなかった。物珍しさから大勢の群衆が自分の方を見ていた。だが、今回のガンディーは決して恥じ入ることなく、自信に満ちた笑みを浮かべながら颯爽と群衆の間を歩いていった。彼は自分の衣服が、大英帝国に住む誰よりも「美しく」、そして自分に似合っていると確信していた。

いったい、この四〇年ほどの間に、ガンディーの身に何が起こったのだろうか。前章で見たように、ロンドン留学前のガンディーは、インド人の「脆弱な」体格に劣等感を抱き、イギリス人紳士のように「強く」「男らしく」なりたいと思っていた。真っ白なスーツを着ることは金輪際なかったが、留学中のガンディーは当時流行していたイギリス製の黒いスーツを身にまとっていた。それに対して、一九三一年にロンドン円卓会議で首相と会談するために訪英した時、ガンディーはイギリス的要素が微塵も見られない真っ白なカーディーを身にまとっていた。私たちに馴染み深い姿は恐らく後者のガンディーだろう。

このイギリス製スーツから「質素な布切れ」スタイルへの変貌ぶりを見て、私たちの多くは「なるほど、ガンディーは反英独立運動を行う中で、イギリスの文化を捨て、インドの伝統文化を復興させようと苦行僧にでもなったのだろう」と想像することだろう。ガンディーの変わり様を同じように訝しがった歴史上の著名人には、イギリスの政治家（後の首相）であるウィンストン・チャーチルがいた。チャーチルは一九三一年に、ガンディーが腰布一枚の姿でイギリス人総督と交渉する様子を見て次のように語った。「かつて法廷弁護士として人々を扇動していたガンディー氏が、［……］今は半裸のインド人苦行僧《ファキール》の格好をして、副王宮殿の階段を昇っている姿を見て［……］私は吐き気がする」（V・テンプルウッド『厄介な九年間』一九五四年）。チャーチルは、ガンディーが大衆扇動のために戦略的にインドの伝統的な宗教的衣装を身にまとうようになったのだろうと推察した。

後にこの言葉を知ったガンディーはチャーチルに宛てた書簡で、喜びを込めて次のように書いた。「私は長らくそのような半裸の「インド人苦行僧」になりたいと切望していましたが、それはとても困難なことでした。ゆえに、私はあなたがおっしゃった表現を誉め言葉だと感じ

写真3-1　1931年にロンドン円卓会議出席のため訪英した時の姿

ています」(『全集』七七巻)。

どういうことだろうか。この言葉は言い換えれば、ガンディーの格好は、「インド人苦行僧」の衣装ではないということである。

実はインドの最大宗教であるヒンドゥー教の主要宗派やその分岐教団、また亜大陸で第二位の人口を誇るイスラーム教の諸宗派、さらにインドに存在する数多の宗教(多いものから、キリスト教、シク教、仏教、ジャイナ教、ゾロアスター教など)の伝統衣装を見ても、ガンディーの服装と同じものは一つとして見つからない。つまり、最もよく知られたガンディーの真っ白なカーディースタイルは、インドの伝統衣装ではなかったのである。それはガンディー自身が二〇年以上をかけた「衣服の真実」にしがみつこうとする実験を繰り返す中で編み出された、唯一無二の彼のオリジナル・デザインであった。

それだけではない。彼のこだわりようは徹底的で、デザインだけでなく、衣服の原料・生産過程・生産方法・生産地の全てをくまなく監修した。そして、これほどまでにこだわりぬいて作られた服だからこそ、ガンディーは自分の体にジャスト・フィットした「最良」の服装であると満足していたのだ。

ガンディーは「最良」の服には、次の三つの条件が必要であると考えた。第一に、「着心地の良さ」である。「機能性」と言ってもいい。何と言っても服は通気性や肌触りがよく、着ていて快適でなければならない。このような服は言い換えれば、身体にとって優しく、「健康的」な服であると言えよう。

第二に、「国産」である。ガンディーは食と同じように、自らが着る服が、自ら（あるいは自国の人々）の手で作り出されていることが重要であると考えた。わざわざ海を越えた地球の裏側から輸入した原料で服を作るなら、それは必要以上のコストがかかるし、生産者の顔も生産過程も分からなくなる。そして、自分の国（あるいは地元）の原料を使用するならば、それは最も容易・安価に入手できるし、またその土地の風土に合った仕上がりとなる。

第三に、伝統を尊重しながらも伝統に縛られない「伝統的革新性」である。すでに述べたように、ガンディーの服は、インドの全ての宗教の伝統衣装とも異なるものであった。だが、同時に、その服はヒンドゥー教やイスラーム教やシク教などの伝統的衣装とどことなく似ているようにも見える。ガンディーは自らのデザインを作る際に、亜大陸の伝統文化をくまなく調査して、「あらゆるインド人」にとって「平等」なデザインを作り出そうとした。それは多宗教多民族国家に生きるガンディーならではの細心の配慮であった。

以上の三つの条件であるが、これらはまさに前章で見た「非暴力的な」食材である塩の条件と一致していることが分かる。つまり、(1)誰も傷つけず、(2)誰でも自由にアクセスでき、そして(3)食べる者自身にとって健康な食物が塩であったが、同じ条件が衣服にも当てはまる。

ガンディーは生涯を通して、人間が日常に身にまとう衣服の根源的な意味・役割・機能を模索し続けた。真に健康的で、経済的で、かつ革新的であるが、同時に愛着と誇りを持てるような服とは何かを問うた。そして、自らが行きついた真っ白なカーディーこそ、自ら(また自国の人々)にとっての「最良」の服装であり、それゆえに最も「美しい」服だと感じていたのだった。

本章は、ガンディーの「衣服の真実」にしがみつこうとする実験の諸相を見ていく。これにより、ガンディーの衣服をめぐる実験が、彼の集団的不服従運動や反英独立の思想といかなる形で結び付いていたのかを見ていく。具体的には、最初にガンディーが生涯において辿った服装の変容過程を概観していく。次に、先に述べた最良の服の条件である着心地・機能性、国産、伝統的革新性という三点を個別に吟味し、ガンディーの衣服の思想を分析していく。最後に、ガンディーの衣服思想・政策の限界と現代的意義について考察していきたい。

1　人間本来の姿を目指して

†八度の変化

最初に、ガンディーが生涯に辿った衣服の変容過程を整理していきたい。まずは次の頁に一覧した九枚の写真を見ていただきたい。これは同じガンディーという人物の写真であるが、異なる時代にガンディーが着ていた異なる服装を写したものである。この時代ごとの服装の変容ぶりを見て、ガンディーと南アフリカから活動を共にした社会活動家のミリー・ポラックは、「いったいどれほど大きな心境の変化が、ガンディー氏が［その時々に］着る服装に示されているることでしょう！」と驚きの声をあげた（『Mr.ガンディー』一九三一年）。恐らく、一人の生涯の中で、彼ほど服装が劇的な変化を遂げたインド人政治家は他にいなかっただろう。以下で、ガンディーの青年期から壮年期に至る服装の変化を概観し、そこで究極的に何が目指されていたのかを見ていきたい。

まず**写真①**は、ガンディーが一六〜一七歳の高校時代に撮影された写真である。左に座っているのは、兄のラクシュミーダースである。ポールバンダルとラージコートという二つのグジ

写真②

写真①

写真⑤

写真④

写真③

写真⑦

写真⑥

写真⑨

写真⑧

ャラート地方の藩王国で一八歳まで過ごしたガンディーは、地元の伝統的な衣装を身にまとっていた。

写真②は、具体的な月日は不明であるが、二〇歳から二一歳に通ったロンドンのインナー・テンプル法曹院時代のガンディーの写真である。前章で見たガンディーが会員となっていたロンドン菜食主義協会が発行する『ヴェジタリアン』紙に掲載されたものである。黒いスーツを着ている。「田舎者」のガンディーが周囲の誰も着ていない真っ白なフランネルスーツを脱いでから、ガンディーはロンドンのファッション事情を調べあげ常に流行を追っていた。

写真③は、二一年間にわたったガンディーの南アフリカ滞在期（一八九三年〜一九一四年）の前半（一九〇〇年頃）に撮られたものである。ガンディーは南アフリカに滞在している時に、生計を立てるために弁護士業に従事していたが、その際に、ロンドン留学時から着るようになったイギリス製スーツを着ていた。だが、前章で見たように、人種差別を経験した後のガンディーは徐々に、法的・政治的な領域を越えて自らの食・衣服・性などの生活全般に及ぶ植民地主義の影響にも自覚的になっていく。

写真④と⑤は、南アフリカ滞在期の後期に撮られたものである。まず**写真**④のガンディーは、スーツにサンダルという奇妙な組み合わせをしている。このサンダルは、ガンディーが集団的不服従運動を行うかたわら、南アフリカで設立した自給自足の共同農園であるトルストイ農場で作られていたものであった。作り方は、隣接したカトリック教会のトラピスト修道院で教えてもらったらしい。ガンディーはこの頃には、後述するインドで展開していたスワデーシー（国産品愛用）運動の影響もあり、自らが着用するものをできるだけ自家製のものにしたいと思っていた。

写真⑤は、南アフリカの滞在期の終盤に当たる一九一四年頃に撮られたものである。この格好は、ガンディーが運動を共にした貧しいインド人年季契約労働者の衣服を模した伝統的なクルター（上着）とドーティー（腰布）である。前のスーツ姿から一転してガンディーの服装が、反植民地主義的性質を帯びるようになっていることが分かる。ガンディーの衣服観にも、イギリスの「西洋近代文明」に対する批判的意識が覚醒していったのは、後述するジョン・ラスキンという思想家の著作を読んだ影響から、ガンディーが仲間たちと最初の自給自足の共同農園であるフェニックス・セツルメント（一九〇四年設立）を設立した南アフリカ滞在の中盤からであった。

写真⑥は、ガンディーがインドに帰国して直後の一九一五年に撮られた妻とのツーショット写真である。ガンディーは再びグジャラートの伝統的な衣装をまとっている。これは地元のカーティヤーワール半島の農民の間に広く着られていた服装であった。実のところ、インド帰国後のガンディーは最初から国民的指導者になろうとしていたわけではなく、まずは地元の活動家として政治運動に従事するようになった。

写真⑦は、徐々にガンディーの独立運動家としての手腕が評判を呼び、地方の活動家から一国全体の指導者へと昇進していった一九二〇年頃に撮られたものである。ガンディーは、インド人農民に最も一般的である質素なクルターを身にまとい、独特の四角い形状をした帽子をかぶっている。この頃からガンディーは多宗教多民族国家であるインド人全員を代表する象徴としての「国民服」を、自らの手で作り出す必要を看取していった。後述するように、「ガンディー帽」と呼ばれるようになるこの四角い帽子や有名なチャルカー（糸紡車）の慣習は、国民服のデザインを模索する中で発明・発見されたものだった。

写真⑧は、第一次独立運動が最高潮に盛り上がりを見せていた一九二一年九月に撮られたものである。五一歳のガンディーは、帽子も脱いで髪を刈り、腰布一枚をまとったお馴染みの「半裸のインド人苦行僧」の姿になっている。この最も良く知られたガンディーの衣装（**写真**⑨）が確立したのが一九二一年九月二一日だった。同年七月からスワデーシーのスローガンのもとにガンディーが開始したイギリス製衣服の焼却運動から間もない時期だった。

以上のように、ガンディーの人生には少なくとも八度の根本的な衣服の変容が起こっていたことが分かる。

†衣服の最終目的

このような度重なる変容の過程を見ると、チャーチルが推察したように、一見そこには何の法則性もなく、ガンディーがその時々の必要に応じて戦略的に服装を変容していったようにも見えなくもない。だが、南アフリカ滞在期以降の服装の変化をよく見ると、そこには一貫した傾向性を読み取ることができる。それは、ガンディーの服装が、南アフリカ中盤から後年に至るにつれて、ますます簡素化していることである。つまり、ガンディーは南アフリカ中盤からビジネスシューズを脱いでサンダルを履き（写真④）、次にスーツを脱いでクルターやドーティー（写真⑤）を着て、最終的にカーディー（写真⑧⑨）を身にまとうようになった。またターバン姿（写真⑥）から帽子姿（写真⑦）になったと思ったら、髪を刈り上げた坊主頭（写真⑧⑨）になった。ガンディーの身に着けているものはますます少なくなっている。実のところ、簡素化をつきつめたガンディーが、最終的になりたかった姿とは、何も着ない「裸の状態」であった（『健康について』）。

ガンディーは人間の究極的な美しさは肌の色を問わないありのままの裸体にあると考えていた。そして、もし人間が裸一貫で生きることができるなら、それが最も理想的＝健康的な状態を意味していると彼は考えた。ガンディー曰く「原初的状態の人間」はもともと動物と同じよ

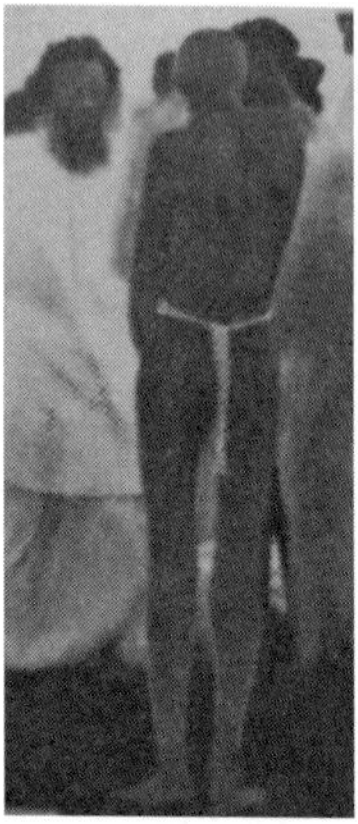

写真⑩　塩の行進後に海岸で沐浴を行うガンディー（1930年）

うに裸で過ごしていた。しかしながら、人間はいつからか寒さや暑さを凌ぐために衣服を身にまとうようになり、人間の身体の機能は脆弱になった。いよいよ文明社会が成熟してくると、衣服の意味は寒さ暑さを凌ぐといった機能性ではなく、自らの特権や所属を示すステータスシンボルへと変容していった。宝石を身につけ、華美なデザインがほどこされるようになった。ガンディーはこのような人間の「進化」とされる服飾文化は、むしろ人間の身体や健康という観点から見れば「退化」であると考えた。

真に「非暴力的」に生きるためには、文明の利器から解放され、「自然本来」の健康な裸体に近づく必要がある。ガンディーは完全に裸で生きることのできない自らの「不完全さ」に自覚的になりながらも、限りなく裸に近づこうとしていた。公の場でガンディーが生涯で最も裸体に近い格好になったのは、塩の行進後のダーンディー海岸での沐浴時であろう（**写真⑩**）。

これまで、ガンディーが生涯に経過した八度の服装の変化と、そこにおいて一貫して目指されていた最終的な目的がいかなるものだったのかを見てきた。次に、このような衣服の真実にしがみつこうとする実験が、先に述べた三つの条件（着心地、国産、伝統的革新性）といかに関係するものであったのかを、それぞれ見ていきたい。

2　チャルカーで紡ぐ白い服

†着心地・機能性

前節で述べた通り、ガンディーの生涯における服装の変容過程を考察する上で分岐点となるのが、南アフリカ滞在期であった。南アフリカ滞在期以降に見られるようになるガンディーの服装の変化は、一貫した倫理的な原則に根差して起こったものであった。すでに見た通り、その究極的な目的は裸になることにあった。だが、それは現実的には困難である。それゆえ、人間は服を着ざるをえないが、もし衣服をまとうとなれば、そこで求められるのは身体に対して極力負担が少ない「健康」に配慮したものである必要があった。

前章でも見たように、ガンディーがロンドンに留学したヴィクトリア朝期のイギリスは、産業革命の恩恵を受けて、目覚ましい経済成長を遂げていたが、同時に国内に貧富の差を拡大させていた。このような時代状況にあって、裕福な「ブルジョアジー」の間には、貧しい労働者階級と差別化するための新しい服飾文化が誕生していった。衣服は寒さや暑さを凌ぐための機

写真3-2　ヴィクトリア朝時代のコルセット

能性ではなく、単に自分が社会の上層に属することを誇示するステータスシンボルとしての意味合いを帯びるようになった。次第にブルジョア社会の中では着心地や身体の健康を無視した服飾が好まれていった。

　たとえば、ヴィクトリア朝期に男女に流行していたコルセット（写真3-2）は、腹部を不健全なレベルで強制的に締め付け圧迫した。さらに、華美な色彩を出すために毒性の強いヒ素の染料が使用されたり、帽子の製造に光沢を出すために水銀が使用されたりもした。ガンディーは『健康について』の中で、イギリスで流行していた「腰回りや足を締め付けるような衣服」が、人々に「苦痛をもたらしている」と批判した。そして、彼は健康的な衣服を原始的と見なし、不健康な衣服を「美しい」ものとして競って着ようとするヨーロッパ人の疎外された美意識に警鐘を鳴らした。

　こうした一九世紀のイギリスやヨーロッパの服飾文化に対しては、西洋内部からも批判の声が挙がっていた。その筆頭にあったのが、詩人・デザイナーのウィリアム・モリスや美術評論家・経済思想家のジョン・ラスキンらが主導したイギリスのアーツ・アンド・クラフツ運動であった。モリスやラスキンは、ヴィクトリア朝時代の豪華絢爛な装飾から離れ、よりシンプルで機能的なデザインを追求した。また、この頃に広く普及していた機械織の「悪質」な衣服の大量生産が、織物職人の労働意欲を削ぎ落とし、人々の美意識を侵犯しているとして、手工芸の復興を訴えた。イギリス以外にも、第二次産業革命の影響下にあったドイツやアメリカにおいても、重化学工業や近代医学に対抗した自然療法が提唱されるようになった一環で、より「健康」で機能的な衣服を求める声が挙がっていた。

ガンディーが抱く衣服についての考えは、菜食主義思想と同様に、これらの欧米の思想家から深く影響を受けるものであった。たとえば、ガンディーはジョン・ラスキンを、前章で見たトルストイとラージチャンドラと並び、生涯で最も大きな影響を与えた思想家の一人として語った。特にラスキンの『この最後の者にも』(一八六二年)や『永遠の喜び』(一八五七年)といった著作に描かれた道徳経済論の影響は甚大であった。また、ヘンリー・デイヴィッド・ソローやラルフ・ワルド・エマソンなどのアメリカの詩人・哲学者の著作からは、「自然」の中に内在する美に対する気づきを得ていった。

さらに、ガンディーの著述(『自伝』、『健康について』、『健康の鍵』)の中には、ドイツの自然療法家アドルフ・ユストの『自然に帰れ!』(一九〇三年)の影響が度々語られている。ガンディーがユストから主に学び取ったのは次の二点であった。

第一が、衣服と「空気」との関係である。すでに述べたようにガンディーは人間が本来、動物と同様に裸でいることが望ましいと考えた。ガンディー曰く、「私たちの服は緩く、開放的で、通気性がよくないといけない」。ガンディーはその理由の一つを、人間の身体に備わる「無数の毛穴」を通して行われている皮膚呼吸との関係から説明している。つまり、衣服で肌を隠せば隠すほど、皮膚と空気との接触は妨げられる。ガンディーは医学的見地からも、衣服は「皮膚の自然な機能」を極力邪魔すべきではないとした。

第二が、衣服と「太陽」との関係である。ガンディーは陽光が「生命の源泉」であるとも語っており、人間の皮膚が陽光（特に朝日）を適度に浴びることで活性化すると考えた。それは病気の予防になりうることも語られている。ガンディーの着眼点は、後に日光浴がビタミンDの生成にかかわることが科学的に解明されていったことからも興味深いものであったと言える（もちろん、ガンディーの時代にはオゾン層破壊による紫外線の影響は考慮する必要がなかった）。

ガンディーの裸に近づこうとする服装の変化は、決してインドの伝統宗教への回帰や復興を目的としたものではなく、同時代に推進されていた近代西洋の衣服改革思想を取り入れながら、極めて「合理的」に考案されたものだったのである。

†国産であること

ガンディーの衣服の真実にしがみつこうとする実験において一貫して重要な意味を帯びていくのが、「国産」というスローガンである。これは彼が単なる文化的な愛国主義者だったからではなく、インドの貧困問題に対する解決を求めてのことであった。インドは慢性的な貧困に悩まされていたが、その起源は一八世紀後半以降のイギリスの産業革命の時代に求められる。この頃、イギリスでは次々に織布機械や紡績機の技術が改良されていった。蒸気力を利用した綿工業の発達は、安価な綿布の大量生産を可能にした。

同じ頃にイギリス（東インド会社）は、ベンガル太守とフランス（東インド会社）と争った一七五七年の戦争（プラッシーの戦い）で圧勝したことで、インド東部の肥沃なベンガル地方の領有権を得ていった。一方的な貿易条件を強いたイギリスは、インド産の綿花を安価に輸入し、自国の機械で作った綿製品を大量にインドに輸出することで、インドの伝統的な綿織物産業を壊滅に追いやった。

こうして一八世紀後半から起こった大英帝国の繁栄の背後で、植民地のインドでは農村部を中心に大規模な飢餓が発生するようになった。インドの綿織物産業の壊滅とイギリス資本主義の原料供給地としてのインドのモノカルチャー化こそ、近代インドの貧困問題の最初の引き金となった出来事だったのである。

インド経済の衰退の原因は、インド国民会議の創設者であるダーダーバーイー・ナオロージーや歴史家のR・C・ダットが提唱したインドからイギリスへの「富の流出」理論として知られるようになり、同時代のインド人知識人・政治家の間で活発に論じられるようになった。そして、二〇世紀初頭から旧首都のカルカッタ（コルカタ）があったベンガル地方のインド人知識人・政治家の間に反英独立の意識が強まっていき、一九〇五年から一九〇八年にかけて、インド東部で大規模な集団ボイコット運動である「スワデーシー（国産品愛用）」運動が起こっていった。

ガンディーが南アフリカで生涯最初の集団的不服従運動（一九〇六〜一四年）を行っていた頃は、まさにインドでスワデーシー運動が隆盛していた時期であった。ガンディーはナオロージーやダットの著作を熟読し、それらの思想からも深く影響を受ける中で、自らもスワデーシーのスローガンの熱心な提唱者となっていった。

だが、ガンディーが南アフリカ滞在期以降に唱えるようになっていったスワデーシーの思想は、ベンガルのそれにはない独自の意味も含んでいた。両者とも自国産品を推奨している点で一致しているが、ガンディーのスワデーシーの思想にはそれまで考慮されていなかった「生産方法」の改革も企図されていた。つまり、この頃の多くのインド人は、自国産品を推奨する際に、イギリスのような工場生産（機械製糸・機械織）の技術を取り入れる必要を訴えていたが、ガンディーはあくまで手作り（手紡ぎ・手織り）の重要性を提唱した。ガンディーが考えるところでは、工場生産の技術の導入は、イギリスで起こっている状況と同じように、インド人資本家と農民との間に新たな経済格差を作ってしまう。そのようなことが起こってしまえば、インドは仮に経済的に自立し独立を獲得できたとしても、イギリスが陥っているのと同じ「近代文明」の「巨大な病」にかかってしまい、それは「イギリス人」がいない「イギリス統治」の始まりを意味すると警告した（『インドの独立』）。

ガンディーはイギリスの生産方法と差別化する手作りの生産方法を提唱していった。だが言うには簡単だが、いったいどうやって手作りでスワデーシー運動を推進できるのだろうか。そもそも機械生産に代わる手作りの方法とは具体的にどんなものなのだろうか。ガンディーは全てをゼロから考案していく必要があった。

ガンディーは一九一五年にインドに帰国してから、地元のグジャラートを中心にインド中を探し回り、一九一七年頃に、あるインド人一般家庭でほこりをかぶっていた「チャルカー」と呼ばれる伝統的な糸紡車を見つけた。ガンディーは直感的にこの簡素な手紡ぎ機が何らかの状況の解決に繋がるのではないかと感じ取った。とはいえ、チャルカーは二〇世紀初頭にはすでに多くのインド人の間で忘れ去られた習慣であり、ガンディー自身それを回したことは一度もなかった（現物を見るのも初めてだった）。周りにもその回し方を知っている者は一人もいなかった。そこで、ガンディーはチャルカーの使い方を教えてくれる人をインド各地から探し出し、多忙なスケジュールの合間を縫って、一からそのやり方を学んでいった。

「ガダガダ！」と耳触りの悪い巨大な機械音を鳴らす工場生産と異なり、チャルカーを回すと「カタッカタッ」と快活な音が聞こえてきて愛着が湧く。自分の手で紡いだ綿糸を手に取った時の喜びは格別であった。ガンディーは、『自伝』の中で、チャルカーを発見する経緯を綴った章のタイトルを「見つけた」と題しており、いかに彼がチャルカーとの出会いに運命的なものを感じていたのかが伝わってくる。

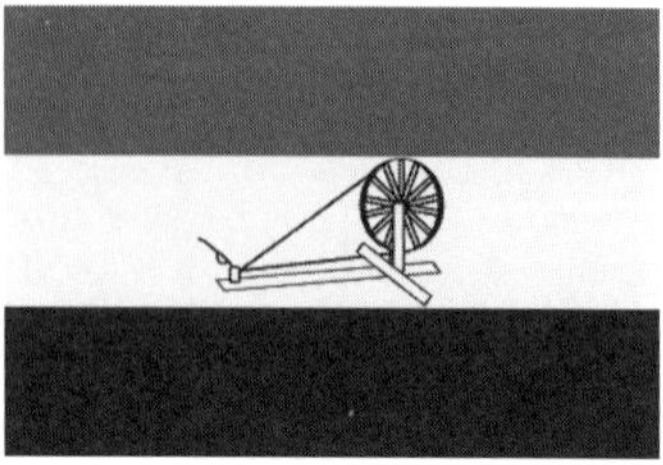

写真3-3　1931年時点のインドの国旗

ガンディーはチャルカーが、次の三点を鑑みて、インドの経済問題の解決に繋がると確信するようになった。第一に、チャルカーが多くのインド人家庭にすでに存在している自国産の手紡ぎ機であるからである。仮に家になくても、簡素な作りをしているため安価に製造でき、全ての人にすぐに普及させることができる。第二に、チャルカーで紡いだ綿糸を用いたカーディー（手紡ぎ手織り綿布）を作る作業は、インド人に自尊心を提供し、全てのインド人に仕事を与えることにもなる。第三に、チャルカーの歴史的起源が、ヒンドゥー・ムスリムの文化が融合した近世ムガル帝国期にあったということである。ガンディーはこのチャルカーの普及を、経済政策面にとどまらない、インドにおける宗教融和政策の一環とも捉えていた。チャルカーは第一次独立運動以降、宗教融和を企図したインド国旗の初期のデザインにも採用された（写真3-3）。

このように「国産」は、ガンディーの衣服観において欠かすことのできない条件の一つであった。

†伝統的革新性

ガンディーが身にまとう真っ白なカーディーは、インドのどの宗教伝統にも属さないガンディーの独自の衣服である。ガンディーは長く続く伝統や慣習であったとしても、もしそれが現に人を傷つけていたり、人の健康を侵害するものであるならば従う意味はなく、そのような伝統や慣習はむしろ積極的に変容させられるべきであると考えていた。ガンディーにとって重要なのは、宗教や伝統そのものではなく、あくまで非暴力と真実の原理であった。

たとえば、自国の宗教文化であっても、ガンディーはインド人が被るターバンが、非常に不健全であることを、『健康について』の中で批判している。「私たちはいつも頭を覆います。［……］ターバンは私たちのアイデンティティとなっています。しかしながら、頭はむき出しの状態のままが良いのです。［……ターバンを被ることで］髪の毛の中に埃や汚れがシラミと共

写真3-4　ガンディー帽を被るJ.ネルー

写真3-5　カシミール帽を被るカシミール地方の政治家S.アブドゥッラー

に溜まります。もし腫物ができても対処することが困難です」。

一方で、手紡ぎ手織りのカーディーを羽織ったガンディーの姿は、チャーチルがあたかもインド人苦行僧の格好であったと錯覚してしまうぐらい「伝統的」に見えて、インドの土地柄によく馴染んでいた。どの宗教や伝統にも属さないということは、裏を返せば、どの宗教にも属しうるということでもあった。ガンディーは「非暴力的」な衣服を、ある種の合理的観点から開発していく上で、マルクスがしたように伝統や宗教を軽んじるようなことはなかった。むしろ、ガンディーは常に何か新しいアイデアを提唱する際には、先駆者の仕事に敬意を払った。そして、可能な限りその土地固有の伝統や慣習の内側から革新を引き起こしていきたいと考えていた。ガンディーがインドに帰国してから最初に行ったことは、まず自国の宗教・文化・気候・風土・伝統を徹底的に調査することだった。

伝統を尊重しながら伝統に縛られないガンディーの衣服観は、彼の最も有名な「ガンディー帽」と呼ばれるガンディーがデザインした帽子に見ることができる（写真3-4）。この帽子はガンディーのスワデーシーの精神を象徴する衣装として、インド国民会議派の政治家を中心に広まって現在でも一部の政治家の間で着用されている。シンプルで簡素で一見モダンなデザインに見えるガンディー帽だが、実はそれにはモデルがあった。それはカシミール帽（写真3-5）である。ガンディーは帽子のデザインに行くつくまでの試行錯誤の様子を次のように語っている。

私はインドの様々な場所で入手できる全ての帽子や被り物を慎重に吟味してきました。［……］パンジャーブのペーンター［ターバンの一種］は、見た目は良さそうですが布地を使い過ぎています。パガリー［ターバンの一種］は不潔です。それは汗を吸っているのに目に見えないので滅多に洗われません。私たちのグジャラートの円錐帽やバンガロールの帽子は、私には不快に思えます。マハーラーシュトラのハンガリー帽は、多少はましですが、フェルト製です。ウッタルプラデーシュとビハールの帽子は薄すぎて使い物にならず、そもそも帽子としての機能を果たしていません！［……］だから、これらのあらゆる種類の被り物について吟味した結果、私はカシミール帽が一番良いという結論に至りました。それは軽いのですが優雅で、簡単に作れるし、たたむことができるので持ち運び易いです。人々はそれを自分のポケットに入れたり、トランクにも簡単に収納できます。カシミール帽は羊毛からできているので、私はそれを綿から作るべきと考えました。それゆえに、カシミール帽の形状を選びつつ、私は色について考えました。帽子にはどの色が最も適しているでしょうか。私はどの色も魅力的に思えませんでした。だから私は白に決めました。白は汚れが目立つので、頻繁に洗われなければなりません（素晴らしい提案です！）。また、白い布地は洗い易いです。帽子は折り畳み式のため洗った後にもコンパクトにたためるし、アイロンをかけて元の真新しく清潔で肌触りの良い白い帽子に戻せます！　これ以上のものがあるでしょうか。だから、私は考え尽くした挙句に、この帽子を作ったのです。

［K・カレールカール『バープの雑多な思い出』］

さらに、ここでは触れられていないが、カシミール地方とはまさに、現在の印パ国境地帯に当たり、両国の紛争の中心地であるが、歴史的にヒンドゥーとムスリムが共生してきた地域であった。この地域の伝統的衣装をモデルにしていることにもまた、ガンディーの宗教融和への深い配慮を見て取ることができる。

伝統を尊重しながら伝統に縛られないガンディーの衣服観はまさに、全ての人々に対する「平等」な配慮という「非暴力的」観点に根差したものだったのである。

このようにして、ガンディーは宗教融和も念頭に入れたチャルカーを考案し、カーディーという新しい衣服文化を作り出す中で、人々にスワデーシーの意義を普及させていった。ガンディーの声に賛同した老若男女は、インド各地でチャルカーを回し、外国製衣服を脱ぎ捨てた。ガンディーの「衣服の真実」にしがみつこうとする実験は、個人の衣服変革から始まり、最終的にインド全土に広まり、反英独立運動の最も重要なプロジェクトの一つとなっていったのであった（写真3-6、3-7）。

写真 3-6　チャルカーを回すネルーとガンディー

写真 3-7　チャルカーの巨大レプリカを運ぶ大衆

†限界と現代的意義

これまで、ガンディーの衣服の特徴やその背後にある思想について見てきた。ガンディーの衣服は、単に伝統宗教のしきたりに従おうとするものではなく、あらゆる伝統宗教の衣装をくまなく調査した上で、「全てのインド人」にとって「平等」となるように、衣服の原料・生産地・生産過程・生産方法まで入念に吟味されて作られたオリジナル・デザインであったことが示された。

ガンディーの「衣服の真実」にしがみつこうとする実験で重視されたのは、あくまで自らの考案した衣服が人々にとって「非暴力的」かどうかという一点にあったと言える。それは自己と他者にとって不健全な衣服を競って追い求めるヨーロッパ人の疎外された美意識からの解放をも意味した。

それでは最後に、こうしたガンディーが推進したチャルカーやカーディーの政策が、現実のインドの文化・社会・経済にどのような正負の影響をもたらしたのかを見てみたい。確かにガンディーのカーディー政策は、反英独立運動期の一九三〇年代初頭や四〇年代前半において大いに盛り上がりを見せた。経済学者の石井一也が『身の丈の経済論』(二〇一四年)で述べるように、この時期の「人々のカーディーへの熱狂はすさまじく」、ガンディーのようにカーディーを着ようと競ってチャルカーを回す人々の姿が至る所で見られた。一部の綿布工場主が、これを商業的な好機と捉えて、機械織りの「疑似カーディー」を大量に製造・販売したほどであった。カーディーの政策は人々を一致団結させる反英独立運動の中心的シンボルの一つとしての絶大な機能を果たした。

とはいえ、ほとんどのインド経済史の専門家は、一時的な隆盛期を除いた独立運動期全体を通して、手紡ぎ手織り製綿布が機械製綿布に比べ、繊維市場全体に占める規模はわずかであったとしている。石井が参照しているように、スミット・グハのデータによると、ガンディー没後の一九五〇〜五一年の中央インドにおける繊維への支出のうち、機械製糸を用いた手織布が二四％を占めたのに対し、純粋な手紡ぎ手織りのカーディーはわずか一・四％にとどまっていた。経済学者のアマルティア・センも「タゴールと彼のインド」（二〇〇一年）という論文の中で、「高品質の手織り布を専門とする小さな市場を除けば、手紡ぎを経済的に有効であると見なすのは困難である」と論じている。

また文化的側面に着目しても問題が残る。前述したように「白い」カーディーの色は、「健康」や「衛生」なども加味したガンディーのある種の入念な調査に基づいて慎重に選ばれたが、文化人類学者のエマ・タルロの『衣服の問題』（一九九六年）の中で指摘されているように、白は男性にとっては何ら違和感のない色であったが、特に若いインド人女性の間で、伝統的に

「寡婦」のステータスを示すものとして拒絶反応を起こすものであった（ガンディーの妻もカーディーを着るのを最初は嫌がった）。また、その簡素さを極めたユニセックスな衣装は、徹底した「平等」を追求したがゆえに「個性」を損ない、著名な詩人のラビンドラナート・タゴールが、一九二五年に『モダン・レビュー』紙に掲載した「チャルカーのカルト」と題する論説で声高に批判したように、ある種のナショナリスト的熱狂と全体主義的な均質性を国内に醸成した。

カーディー政策に対する批判の声は、ガンディーの生前から絶えることがなかった。とはいえ、ガンディーはこれらの点について、時に聞き分けの悪い頑強な態度を貫きながらも、自らの衣服の思想・実践の「不完全さ」を認めることに吝かではなかった。

そもそもガンディーは国家規模の衣服改革は非常に広大な事業であり、一朝一夕には成就しえないと考えていた。そのため、改革がすぐに全員を満足させることは不可能であると見ていた。改革においては常に優先順位があり、それは豊かな階級のインド人の嗜好性を満たすことではなく、現に最も大きな「苦しみ」を被っている最貧困層の救出にあるとした。

苦しみを犠牲にして作られた衣服の「美しさ」に、どれほどの価値があるのだろうとガンディーは『青年インド』紙一九二五年一一月五日号に掲載した記事の中で厳しく問うた。目先の市場経済に振り回されるのではなく、「食のために働く必要のない」豊かな人々が、せめて一日の内の「三〇分の時間を犠牲にして」チャルカーを回すことで、機械製綿布や輸入品を着ることによって産み出されている自国の貧困問題や衣服の過酷な生産現場に思いをはせることが、何よりも重要であると彼は考えた。

さらに、ガンディーは『青年インド』紙一九二一年一〇月一三日号でも、「なぜ紡ぐのか」という読者からの質問を想定して次のように記した。「私は自国の人々から得た略奪品で生きています。あなたのポケットに入ってきた硬貨一つでも、その出所を追ってみれば、私の書いていることの真実が分かるでしょう」。

すでに見てきたように、インドの貧困問題の起源はイギリスで大量生産された機械製綿布の普及によって、インドの綿織物産業が崩壊したことにあった。自らが何気なく着ている服が、どこでどのように作られているのかを知り、そのことで誰が傷つけられているのかを知ることなしに、疎外された美意識や真の経済改革はいかなる意味でも起こりえないというのが、ガンディーの持論であった。

ガンディーの衣服思想をどのように評価するのかは意見の一致を見ない。今後とも論争が絶えないだろう。とはいえ、ガンディーが行った「衣服の真実」にしがみつこうとする実験には、二一世紀の現在においてもなお廃れない多くの重大な論点が含まれているように思われる。私たちが生きる現代社会の服飾文化は、「貧しい」国の安価な労働力と工場の大量生産によって成り立っている。スウェットショップ（搾取工場）問題は現在の最も喫緊なグローバル・イシューである。さらに、衣服がどこでどのように作られているのかを知らない私たちの多くは、その原料（遺伝子組み換え綿花や合成化学繊維）が生態系や健康に与えるリスクに無頓着である。生産者・生態系・健康への配慮を欠いた衣服を「美しい」と錯覚させる企業の宣伝に私たちは物心ついた時から晒されている。

ガンディーの衣服のサッティヤーグラハは、私たちの最も身近な「現場」（自身の身体を含める）に潜在する「暴力」に対する気づきが、あらゆる改革の最初の一歩であることを教えてくれる。

第四章

性の真実——カリスマ性の根源

「マハートマー（偉大なる魂を持つ者）」の尊称で知られるガンディーの生涯の中で、これまで最も多くの論争を呼び起こし、しばしばタブー視もされてきた領域は、彼の性をめぐる実践・思想であろう。生涯にわたってガンディーは、人間の身体に宿る欲望の中でも、性的欲望が最も危険で罪深いものであると警鐘を鳴らしていた。たとえば、ガンディーは『自己統制対自己放縦』（一九二八年）と題する本の中で、他者を傷つける自己本位的な性行動（レイプや強制売春など）だけでなく、他者を傷つけない自慰行為や同意の上に行われる夫婦の性交渉さえも「暴力的」であると論じた。彼の性に対する攻撃的発言は、時に多くのインド人読者を動揺させた。

一方で、ガンディーの性をめぐる実践・思想は、戒律的な禁欲主義と同一視できるものでもなかった。たとえば、後述する通り、ガンディーは南アフリカに滞在し、生涯最初の集団的不服従運動を行っていた一九〇〇年代後半に、ヘルマン・カレンバッハという白人のボディビルダーと親密な同居生活を送っていた。出張で離れ離れになった時、二人の間には大量の「愛の手紙」が交わされ、その内容は歴史家のトリディープ・スフルドが指摘したように、「恋人同士」を思わせる「ホモエロティック」な性質を帯びていた。さらに、ガンディーは晩年の七〇代後半の年齢に至った時、「真の性欲統制者」になる目的の下、周囲からの猛烈な反対を押し切って、約五〇歳年下の女性と裸の同衾の「実験」を行った。これはちょうどイギリスの植民地統治の終盤に当たり、ガンディーはこの実験の成功こそが独立後のインドの「非暴力的」性格を左右すると説いた。

ガンディーの性をめぐる実践・思想についての考察を始めるに当たって、まず彼がいかに「性的欲望」という主題・言葉を理解していたのかを明確にしておく必要がある。ガンディーは、人間のあらゆる性行動は、性的欲望に駆動されていると考えた。では、そのあらゆる性行動の根源である性的欲望とは何か。ガンディーは、それが実体のない突発的な心理作用ではなく、人間身体の内部で生成され続ける「生命エネルギー」であると説明した。この生命エネルギーは、たとえば、男女の性交渉（受精）が起こった際には新しい生命（子孫）を創造する力となるが、性交渉をしていない時においても、人間生活を快活にし、あらゆる創造的行為（芸術活動、文芸活動、政治運動、スポーツなど）の原動力となる。このような生命エネルギーを、ガンディーは、「神聖な力（シャクティ＝霊的な力）」であると見なした。これがゆえに、その神聖な力を、直接的に他者を傷つける自己本位的な性願望の充足のためだけでなく、たとえ同意の下に行われる夫婦の性交渉や自慰であったとしても、むやみやたらに浪費すべきものではないとガンディーは考えたのであった。

ガンディーはこのような生命エネルギー＝神聖な力を統制する（不本意に漏洩しない）ための実践を、ヒンドゥー教やジャイナ教の伝統的な概念・実践として知られる「ブラフマチャリヤ」（原義は、宇宙原理である「ブラフマン（梵）」に至るための「チャリヤ（行為）」で、一般的に「禁欲行」や「独身（期）」を意味する）の語によって説明した。ガンディーは生命エネルギーを可能な限り浪費することなく、公益のために蓄積していくならば、社会変容を引き起こす巨大なエネルギー（それは原子力にも匹敵するとされた）に拡大していくと考えた。武力・軍事力に依拠せず、大英帝国を駆逐する非暴力革命の鍵は、この生命エネルギーの集積にあるというのが南アフリカ滞在期以降のガンディーの一貫した信念であった。

実のところ、ガンディーがサッティヤーグラハを「魂の力」や「意志の力」と呼んだのも、まさにサッティヤーグラハが生命エネルギーを発現させるためのブラフマチャリヤの実践と切り離せない関係にあると信じられていたからであった。著名な政治人類学者のロイド・ルドルフ及びスーザン・ルドルフ夫婦が語ったように、ブラフマチャリヤの実践・思想こそ、ガンディーの「カリスマ性の伝統的根源（the traditional roots of charisma）」に他ならなかった。

本章では、ガンディーの「性の真実」にしがみつこうとする様々な実験を見ていく。ブラフマチャリヤ思想は、ガンディーの集団的不服従運動としてのサッティヤーグラハ運動（以下では、公私の生活領域全体に行き渡る広義の「サッティヤーグラハ」と区別して、集団的不服従運動としての狭義のサッティヤーグラハを、「サッティヤーグラハ運動」と一貫して表記する）の誕生を考える上でも重要となってくる。このため、幼少期から晩年に至るガンディーの性をめぐるいくつかのトラウマ的体験やブラフマチャリヤの思想形成を詳細に見ていく。その際に、南アフリカ滞在期のカレンバッハとのホモソーシャルな同居生活からインドが独立する前後の時期に行われた女性との裸の同衾の実験に至る過程で起こったブラフマチャリヤ思想の「変容」の過程に光を当てたい。ガンディーが晩年に至る過程で彫琢した独特な女性観と性の形而上学は、本書の要の一つでもある一九三〇年の塩の行進を理解する上でも欠かせない。

1 ブラフマチャリヤ思想の形成

†幼い頃の「呪い」

著名な政治哲学者のビク・パーレークは、ガンディーの性に関する理解に最も特徴的なことは、あらゆるロマンティックな「性愛」が否定されていることであると指摘している(『植民地主義、伝統、そして変革』一九九九年)。パーレーク曰く、ガンディーにとって、性とは、いかなる意味でも人生に感動や喜びを与えるものではありえず、あくまで取り除かれるべき「情欲」でしかなかったという。この極端とも言えるガンディーの立場は少なくとも五〇代半ばの年齢(つまり、一九二〇年代半ば)になるまで、ほとんど変わることがなかった。

なぜ、ガンディーは五〇代に至るまで性に対する過剰とも言える否定的考えを持っていたのだろうか。この点を考察していく上で欠かせないのが、ガンディーの幼い頃のトラウマ体験である。

ガンディーの幼少期から少年期に目を向けた時、彼の性認識の基盤を形成する二つの重要な出来事を知ることができる。一つが、ガンディーの親が取り決めたパートナーと結婚を余儀なくされた幼児婚であり、もう一つが、妻との性交渉のために、敬愛する父の死を見とれなかったことである。これらの二つの出来事についてそれぞれ見ていきたい。

まず、ガンディーは自らの出身地域であるグジャラートのカーティヤーワール半島で広く浸透した幼児婚の慣例に倣って、一三歳の時に同じ商人カースト（ヴァーニャー）の一四歳の少女であるカストゥール（子をもうけてからは、カストゥールバーと呼ばれる。バーは母に対する敬称）と結婚した。ガンディーはこれにより、青春時代の恋愛を経験することがなかった。そもそも自由恋愛の観念は近代西洋的な観念であり、仮に青少年期の恋愛を経験することがなくても、彼が生まれてから死ぬまで故郷の伝統的価値観の中だけで暮らしていたなら何ら問題が生じることはなかったであろう。だが、「知らぬが仏」であるが、ラージコートとロンドンで西洋的教育を受け、南アフリカで多文化に接触したガンディーは、幼児婚という伝統的価値観と自由恋愛という近代的価値観（驚くべきことに、南アフリカ滞在期以降、ガンディーはハヴェロック・エリスの性科学やバートランド・ラッセルの結婚論にも通じていた）の対極を知って生きることになる。さらに、女性教育の観念がまだ薄い当時のポールバンダルで、妻のカストゥールは典型的な非識字者であり、ガンディーとの著しい教養のギャップがあった。文明の最先端を知ってしまったガンディーと、インドの地方的伝統しか知らないカストゥールは、二〇代あたりから次第に話が合わなくなっていった。根本的に価値観の共有が困難なパートナーと生涯を共にしなければならなかったことは、ガンディーを生涯にわたって苦しめることになった。

これに輪をかけるように、ガンディーは以下の体験で、精神分析家のE・H・エリクソンの言葉を借りれば、その後の性認識の方向性を決定づける「呪い」をかけられた（『ガンディーの真理』一九六九年）。ガンディーは『自伝』の中で次の出来事を綴っている。

ガンディーが結婚して三年ほど経った一六歳の時、父カラムチャンドは痔瘻をきっかけに身体が衰弱し病床に臥す生活となっていた。ガンディーは学校から帰ってきてはすぐに父の床に駆けつけ、使用人と叔父と協力して、ほとんどかかりきりで看病に徹していた。ある夜、父の看病をしている時に、一時的に父の元を離れて寝室に行き、ガンディー曰く、「性的欲望の虜になってしまった」ことで妻と性交渉を行った。しばらくすると、使用人がドアを激しくノックする音が聞こえてきた。急いでドアにかけつけると、父が亡くなったことを使用人が告げた。ガンディーは「性的欲望に駆り立てられて盲目になっていなければ、［父の］臨終に立ち会えたのに」との深い後悔の念に駆られ、「大いに恥じ入り」、「大いに悲しんだ」。この後、ガンディーとカストゥールとの間に生まれた記念すべき第一子が、出産後数日で死去するという悲劇が重なった。ガンディーはこの二重の災難の原因が、自らが「情欲」に盲目になったからだと確信するようになった。

こうした幼い頃の体験は、その後のガンディーの性認識を決定付けた。ガンディーは人間が身体的な欲望に支配されて他律的に行動することは自己と他者を傷つけ悲劇的な結末を起こすと信じるようになった。

†東西哲学の吸収

少年時代から、性に対して否定的な考えを持ち合わせていたガンディーであったが、三〇歳になる頃までは、『自伝』で語っているところによると、「性的欲望に支配されて」妻と性交渉を行い、四人の息子を得た。ガンディーにとって、性交渉はあくまで罪悪であり、彼は情欲という他律的欲望から常に解放されたいと切望していた。ガンディーは三六歳の時にブラフマチャリヤの誓いを交わして妻との性交渉を一切断つことを宣言するまで（次節参照）、主に三人の思想家からブラフマチャリヤの意味について学んでいった。

一人目が、第二章でも見たシュリーマッド・ラージチャンドラという人物（写真4-1）である。ラージチャンドラはガンディーと同じグジャラート出身の商人カーストに属する厳格なジャイナ教徒であった。ガンディーがラージチャンドラに初めて会うのは、一八九一年にガンディーがロンドン留学を終えてインドに帰国した直後のボンベイ（現ムンバイ）においてであった。ガンディーは知人の紹介を通してラージチャンドラに会い、その「純粋な人格と自己探求の強い熱意」に深く感銘を受けた。その後、ラージチャンドラが三三歳という若き年齢で病死するまで、二人は一〇年にわたって交流を続けた。ガンディーは『自伝』や他の公式刊行物で、自らの生涯に最も大きな思想的影響を与えた人物の一人として、しばしばラージチャンドラの名を挙げた。

ガンディーによると、ブラフマチャリヤ思想の意義を最初に、ガンディーに知らしめたのはラージチャンドラであった。ガンディーは、主にラージチャンドラがグジャラーティー語で記した著書の一つである『解脱の言葉』（一八八四年）や彼と交わした書簡を通して、大きく二つのことを学んだ。一つが、普遍的な宗教的真理（サッティヤ）に到達するためには、求道者は性的欲望から完全に解放される必要があるということ

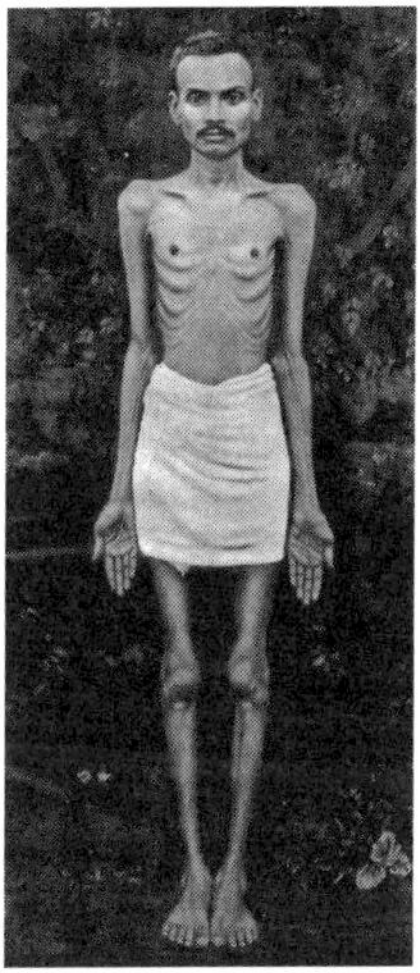
写真4-1　シュリーマッド・ラージチャンドラ

である。なぜなら、性的欲望は相手を直接傷つけない場合でも、特定の異性や家族などを不平等に愛する行為を伴う。ラージチャンドラ曰く、求道者の究極的目的は、ジェンダーや宗教の区別を越えることは当然のことながら、動植物を含む全生類に対する完全に平等な「慈悲（ダヤー）」の心を持つことである。特定の個人や集団を優遇する愛は、自己中心的な「執着心」に他ならず、それゆえに暴力（ヒンサー）の一種であるとされた。

写真4-2　スワーミー・ヴィヴェーカーナンダ

写真4-3　マニラール・ドヴィヴェーディー

もう一つは、食の制限がブラフマチャリヤを行う上で有用であるという理解である。特に、ガンディーのブラフマチャリヤ思想を考察する上で重要なことは、ラージチャンドラがミルクやカード（ヨーグルトの一種）やギー（澄ましバター）などの乳製品が人間の性的欲望を向上させるという独特の理解（これはジャイナ教やヒンドゥー教の伝統的理解にはないものである）をガンディーに教えたことである。これに倣って、ガンディーは南アフリカ滞在中の一時期にミルクを飲むことを控えるようになった。

ガンディーのブラフマチャリヤ思想形成に影響を与えたと考えられる他の人物は、一九世紀末にはすでに国際的な知名度を誇っていた二人のインド人哲学者であるスワーミー・ヴィヴェーカーナンダ（写真4-2）とマニラール・ドヴィヴェーディー（写真4-3）であった。ガンディーは南アフリカ滞在中に、ヒンドゥー教のヨーガ学派の聖典である『パタンジャリのヨーガ・スートラ』に対するこれら二人の思想家の注解書を読んだ。特に、ブラフマチャリヤについて書かれているサンスクリット語の言葉（第二章三八節）に対する二人の注解は、ガンディーの南アフリカ滞在中の様々な著述に鮮明に反映されている。

［ヴィヴェーカーナンダの注解の言葉］
純潔者［＝ブラフマチャリヤ実践者］の脳はとてつもなく大きなエネルギーと巨大な意志力を持つ。純潔［＝ブラフマチャリヤ］なしでは霊的な力はありえない。純潔は人類に素晴らしい支配［力］を与える。人類の霊的指導者は極めて純潔であり、このことが彼らに力を与えていたのである。

［ドヴィヴェーディーの注解の言葉］
［ブラフマチャリヤによる］精液の集積と人間の知性や霊性との間に偉大な結び付きが存在しているという心理学的法則はよく知られている。この人間存在の重要な要素を浪費することを回避することで、望まれるべき力、つまり真の秘教的力を得ることができる。

また、ヴィヴェーカーナンダは本の別の箇所で、もし「巨大な意志力」が蓄積されれば、「世界の半分の人びとをも意のままに動かす力を得られる」とも述べた。

ガンディーは三六歳にブラフマチャリヤの誓いを交わすまでに、主にこれらの三人の思想家から影響を受け、ブラフマチャリヤの意味を学んでいった。

†思想上の矛盾

ここで思想形成上の一つの論理的な矛盾が起こっていることを指摘しておくことは重要である。すでに述べた通り、ガンディーによれば、性的欲望は生命エネルギーでもある。この生命エネルギーは社会変革に欠かせないものである。だが、このことは同時に性的欲望が起こらない身体には生命エネルギーの蓄積も起こりえないことを示している。生命エネルギーが非暴力的なエネルギーで、性的欲望が暴力的なエネルギーと解釈するならば、これらの正負のエネルギーは表裏一体の関係にある。ラージチャンドラが指摘しているように、ミルクがもし、性的欲望の原因となってそれを増大させるものであるならば、このことは別の視点から見れば、ミルクは生命エネルギーを向上させる可能性を秘めた食物でもある。反対に、ミルクを断って性的欲望を減らすならば、生命エネルギーも減少する。

南アフリカ滞在期のガンディーは、性的欲望（＝負のエネルギー）を根絶したい思いと、生命エネルギー（＝正のエネルギー）を向上させたいという両義的な思いの間に揺れ動くこととなった。ガンディーがこの正負のエネルギーをめぐるジレンマにどのように対処しようとしたのかは、南アフリカ滞在期とインド帰国後のガンディーのブラフマチャリヤ思想の差異を考察する上で重要である。

結論を先に言えば、南アフリカ滞在中のガンディー（二三〜四四歳）は、最終的にミルクを断つ誓いを交わし、性的欲望を減らすことを優先した。このことによるネガティブな帰結は、生命エネルギーの減少であった。しかしながら、この時点の性欲旺盛なガンディーには、ミルクを断ったところでサッティヤーグラハ運動に支障になるほどの生命エネルギーの減少は感じられなかった。

一方で、インド帰国後のガンディー（四五〜七八歳）はミルクを飲むようになり、それだけでなく、後述する通り女性との積極的な身体的接触をブラフマチャリヤの一環として肯定するようになっていく。このことはインド帰国後のガンディーが、生命エネルギーの向上を優先したことを示している。これはガンディーがインドで南アフリカの時よりも遥かに多くの政治的な難題を解決していかなければならなかったからであり、さらには老齢による性的欲望＝生命エネルギーの減少に対する意識的な対処も意図されていたのだろう。

2　サッティヤーグラハ運動の誕生

†従軍体験が生んだブラフマチャリヤの誓い

二〇代以降、ラージチャンドラと交流し、ヴィヴェーカーナンダやドヴィヴェーディーの著作を精読していったガンディーのブラフマチャリヤに対する関心は、日に日に高まっていった。とはいえ、ガンディーは最終的に三六歳の後半になるまで、ブラフマチャリヤを貫徹するための誓いを立てる決意を下せないでいた。この決意に至らしめた重要な出来事が、ガンディーの従軍体験だった。

驚くべきことに、一般的に非暴力不服従運動として知られるサッティヤーグラハ運動を開始するわずか三カ月前の一九〇六年六月に、ガンディーは南アフリカの原住アフリカ人による武装蜂起であるバンバータ暴動の「鎮圧」活動に参加し（一八九九年には第二次ボーア戦争にも従軍）、そこで戦地負傷者の看護を主な任務とする衛生看護部隊を率いていた（写真4-4）。この頃のガンディーは、宗主国のイギリスが善良な国であり、もしインド人が「大英帝国の臣民」としての忠誠心と白人同等の能力・知性を証明することができれば、南アフリカでまかり通る様々な人種差別的政策の撤廃に向けてイギリス政府が積極的に働きかけてくれるものと信じていた。

ガンディーは戦場で、時に四〇マイル（約六四㎞）を歩き、負傷者の看護に当たるというハードスケジュールをこなした。この従軍体験を通して、ガンディーは公益のために奉仕することは命がけの行為であり、そのことは決して個人的・私的な願望を充足させることと両立しないと考えるようになった。そして、インド人の権利向上のために本気で尽くしていきたいならば、家族との団欒や性の充足といったあらゆる個人的な欲求は犠牲にされるべきであるという考えを抱くようになった。

写真4-4　ガンディー率いる衛生看護部隊（ガンディーは写真中央）

そこで、看護活動が終盤に向かった一九〇六年七月下旬に、仲間たちの前で、それまで踏み切れなかったブラフマチャリヤの誓いを交わし、生涯にわたって妻との性交渉を断ち、自らの人生の全ての時間を公益のために捧げることを宣言したのであった。

†沸き起こる「魂の力」

ブラフマチャリヤの誓いが交わされてから約一カ月後に、ガンディーのサッティヤーグラハ運動の開始が宣言された。具体的には、以下のような経緯で、集団的不服従の「誓い」が交わされた。

先に見たように、ガンディーはイギリスへの忠誠を示す命がけの従軍活動を行った。だが、この行為に対する政府の「裏切り」とも言える、アジア人登録法案という表立ってインド人の人権を侵害する法案が、従軍を終えた翌月に発布されたことをガンディーは知った。その法案は、南アフリカに在住する八歳以上の女性と子供を含む全てのアジア人に、一〇本の指紋を登録した証明書を常時携帯することを義務付け、その不所持が発覚した際に、警官がいつでも家宅捜査・投獄・罰金・国外追放を命じることができる等の内容が記されていた。ガンディーは「このような種類の法律が世界のいったいどこで自由な人間に課されたことがあるのか私は知らない」と憤った（『新しい生命』紙一九二四年五月一一日号）。

一九〇六年九月一一日、ガンディーは仲間と共に法案に抗議するために、ヨハネスブルグのエンパイア劇場に約三〇〇〇人のインド人を集めて演説を行った。ガンディーはこの大規模な抗議集会で、仮にアジア人登録法が成立した場合も、死に至っても指紋登録証の所持を拒否するという集団的不服従の誓いを立てるよう聴衆に訴えた。

自らが演説を行う直前に、ガンディーは突如、自らの内に「シャクティ」が沸き起こるのを感じ、「魂の力」に駆られた集団的不服従（まだこの時点では「サッティヤーグラハ」の名称は付けられていなかった）の発想を「思いついた」と後に語った（『新しい生命』紙一九二四年五月一八日号）。ガンディーは劇場に集まった聴衆の前で、「サッティヤーグラハ運動」の誕生を宣言する次のような記念碑的演説を行った。


今日までに、私たちが行った様々な決議やその方法と、［今日行おうとしている］この［集団的不服従の］決議やその方法との間には大きな違いがあり、それを私はこの集会で説明したいと思います。決議は大変重大です。なぜなら、その完全な遂行の中に、南アフリカにおける我々の存在意義が隠されているからです。［……］もし人間の内なる魂が、その誓いを立てる力（シャクティ）があると応答するならば、その時にこそ誓いを立てるべきであり、そしてそれこそが実を結ぶのです。……

私たちは監獄の中に行かなければならないでしょう。監獄の中では、辱めを耐え忍ばなければならないでしょう。空腹、寒さ、暑さにも耐えなければならないでしょう。重労働をしなければならないでしょう。乱暴な獄吏たちの暴力をも受けなければならないでしょう。[……]きっと国外追放も起こりうるし、また空腹になって監獄の他の苦しみを忍びながら何かの病気にかかることもあるだろうし、また何人かは死に至ることでしょう。それゆえに、率直に言って、あなたたちが想像できる全ての苦しみを、私たちは耐え忍ばなければならないということにいかなる疑いもないし、賢明なことは、全て[の苦しみ]に耐え忍ばなければならないであろうことをしっかりと心に留めた上で、私たちが[不服従の]誓いを立てるということです。

ガンディーの情熱的な演説は成功を収め、会場からは大きな拍手が沸き起こった。恐らく、この時の集会で、もしガンディーが集団的不服従の開始を宣言する演説を行わなかったとしても、同時期の東インドのベンガル地方で行われていたイギリス製品不買を訴えるスワデーシー(国産品愛用)運動に倣って、南アフリカで何らかのボイコットやストライキが行われていたことだろう。

では、一般的なボイコットやストライキと、ガンディーのサッティャーグラハ運動とは何が違うのだろうか。ガンディー曰く、両者は非武装の不服従という点では一見、類似した運動に見えるが、その動機や信念をめぐって本質的な相違があるという。そして、その動機や信念の違いは、結果として社会に全く異なる効用を生み出すとされる。

ガンディーは説明した。一般的なボイコットやストライキが非武装であるのは、単に運動者が武器を持たないからであり、物質的力に対する精神的な力（「魂の力」）の優位を自覚しているわけではない。それがゆえに、これらの運動者は武器を与えられれば、すぐに暴力に依拠するようになる。それに対して、サッティヤーグラハ運動者は、仮に武器を与えられてもそれらに依拠せず、むしろ相手が振るう暴力をあえて自発的に引き受けることで、自分たちが主張しようとしている「真実」の正当性を示そうとする。もし運動者の言い分が正しいものであるならば、正しい理由のために運動者が殴られている姿は、相手の魂、良心を揺さぶる（つまり、罪悪感を発生させる）はずである。これが魂の力の重要な効果の一つである。真実にしがみつこうとする人々が暴力を被る姿が相手に引き起こす心理作用は、暴力による外面的強制よりも遥かに強力であり、結果的に持続的な社会変容を可能にするという。

一方で万が一、運動者が主張する真実が単なる思い込みや間違った信念であったとしても、そのような間違った信念によって社会を騒がせた罰を、運動者はすでに暴力を引き受けることで科されていることになる。サッティヤーグラハ運動は、仮に運動者が主張する真実が正しくても間違っていても、どちらにしても相手を傷つけないのである。

この運動者の魂の力に対する自覚と信念が、サッティヤーグラハ運動と一般的なボイコット・ストライキとを分かつ分水嶺であると説明された（『新しい生命』紙一九二四年五月一八日号）。

†カレンバッハとの同居生活

一九〇六年九月の集会の後、南アフリカでは、ガンディーの指導の下に、紆余曲折を経ながらも（第一章参照）、合計八年にわたってサッティャーグラハ運動が展開していった。ガンディーのサッティャーグラハ運動が最初の盛り上がりを見せたのは、一九〇八年から〇九年にかけての時期であった。この隆盛期とブラフマチャリヤとの関係を考察する上で見過ごせないのが、ガンディーとヘルマン・カレンバッハ（写真4-5、4-6）という男性の仲間との約二年半にわたる同居生活である。ガンディーはサッティャーグラハ運動に集中するために、一時的に家族や他の仲間たちと離れ、自らが最大の信頼を置くカレンバッハと二人きりの生活を送った。ガンディー曰く、南アフリカ滞在中、この時期に最も「厳しい」ブラフマチャリヤの実験を行った。

ユダヤ系ドイツ人のカレンバッハは、一八九六年にドイツから南アフリカに移住してきた建築士（石工・大工の資格も持つ）であった。元々、彼は仕事で成功し、奢侈な生活を送っていた。だが、一九〇三年頃にガンディーと知り合い、その人柄と思想に魅了され、カレンバッハはガンディーに倣って菜食主義と清貧生活に身を捧げ、在留インド人の活動を熱心に支援するようになっていった。

長身のボディビルダーでもあったカレンバッハとガンディーは、肌の色や体格こそ違えど（とはいえ、ガンディーもインド人基準では平均以上の体格を持っていた）、その知的・道徳的関心が酷似していた。二人とも高い教養を持ち、トルストイやエドワード・カーペンターやマックス・ノルダウなどの反近代を掲げる西洋思想家の著作を愛読していた。カレンバッハは、ガンディーのアジア人特有の小さな身体の中に宿る巨大な魂に魅了され、ガンディーはその温和で知的な心を宿したカレンバッハの強靭な肉体に自らの菜食主義の理想（第二章参照）を見た。意気投合したガンディーとカレンバッハは互いのことを「ソウル・メイト」と呼び合った。

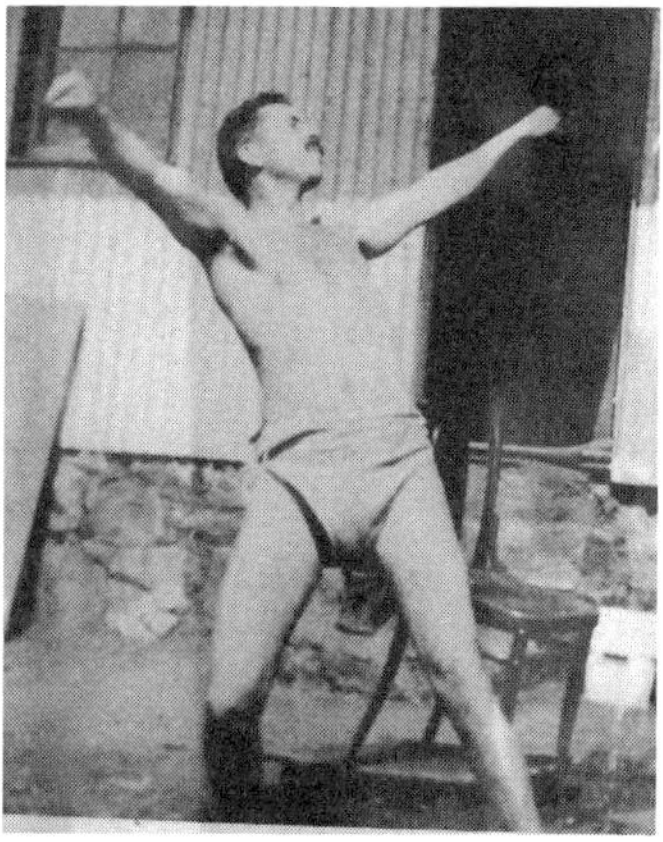

写真4-5、4-6　ヘルマン・カレンバッハ

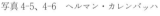

写真4-7　ガンディーとカレンバッハが住んだ小屋

一九〇八年二月、カレンバッハはヨハネスブルグ市内の静閑な場所に小屋（写真4-7）を建築し、そこで二人は約一年半にわたって衣食住を共にした。一九〇九年六月からは約一年間、より見晴らしの良い丘の上に建てた居住地に二人で暮らした。

カレンバッハはサッティヤーグラハ運動の原動力がブラフマチャリヤにあるという信念を最も深いレベルで共有していた。二人はこの時期に互いに励まし合いながら、厳しい食の規制と峻厳なブラフマチャリヤ（性的禁欲）を遵守し、サッティヤーグラハ運動に必要な身体的・精神的なエネルギーを蓄積していった。カレンバッハは同居生活を開始してから四カ月後に兄に宛てた書簡で次のように述べている（以下のカレンバッハとの書簡の内容は、二番目の引用箇所を除き、全てニューデリーのJ・ネルー記念博物図書館及びインド公文書館所蔵の『カレンバッハ・ペーパーズ』を参照）。

> 私たちはこの上なく非凡な生活を送っており、それは人間を状況に依存させないようにし、より善くすることに役立つものです。［……］そして、この一八カ月間、私はあらゆる性交渉を放棄しました。この間に、私は自分の人格が向上し、精神的に生き生きとし、身体

的な力と肉体の健康が拡大し、改善したと信じています。

ブラフマチャリヤについて、ガンディーもカレンバッハ宛ての書簡の中で次のように書いている。

一人の［……サッティヤーグラハ運動者］として、私は結婚が単に必要でないというだけでなく、積極的に公共の、あるいは人道的活動の障害であるという結論に達しました。［……］禁欲的生涯を送ろうとする者たちは、確実により偉大な、そして、より広範なエネルギーを持ちます。私の提案は全ての既婚者にとっても良いものです。［……］自己統制は私にとって単なる理論ではありません。それは情熱です。［J・ハント他「霊的な綱渡り人」二〇〇七年］

この同居期間に、ガンディーはカレンバッハと衣食住を共にする中で、知的・哲学的・宗教的な議論を徹底的に交わし、自らのサッティヤーグラハ思想を成熟させていった。実のところ、この同居期間中に、ガンディーが一時的にロンドンに陳情活動に赴いた一九〇九年一一月に書かれたのが（具体的には、ロンドンから南アフリカ帰国の途上の汽船上）、ガンディーの最初の自著である『インドの独立（ヒンド・スワラージ）』であった。この本は多くの研究者からガンディーのサッティヤーグラハ思想の意味と意義を体系的に論じた最も重要な本と考えられている。

†男女の愛を超えようとした同性愛的禁欲行動

ここで指摘しておきたいことは、ガンディーとカレンバッハの同居生活は、ガンディーに予想外の帰結ももたらした点である。ガンディーとカレンバッハはあまりに強い絆で結ばれ、その絆は次第にガンディーの内に、それまで妻や子供に対して感じたことのない強い「愛情」を芽生えさせた。ガンディー自身は、カレンバッハに対する愛情を最初の内は、ラージチャンドラの言葉に倣って、自らの異性愛主義という身体的制約を超越した禁欲行動の成果（＝平等な愛の実現）であると認識していたと思われる。

ガンディーがイギリス滞在中にカレンバッハに宛てた書簡（ガンディーはそれらをしばしば「愛の手紙」と表現した）の一部には次のような内容が書かれている。

人々が歴史書や小説の中で読む過ぎ去った時代の友情を、あなたは私に思い出させてくれます。私はこれを約束します――私の心の中に見つけたあなたの居場所を［他の人で］二度と満たすことができないように祈るし、その愛が失われることは決してないだろうことを。それはほとんど超人間的なのです。

あなたは確実に私が毎日想っている一人です。私の体はあなたといなくても、私の魂はいつもあなたと一緒にいます。


このような「超人間的な」「友情」に根差したとされる同居生活を、一九一〇年にガンディーは突如断念する。そして、一九一〇年半ばからガンディーはサッティヤーグラハ運動の拠点をヨハネスブルグ郊外のエリアに移動し、カレンバッハ以外の家族や仲間を含む数十人と共同生活を新たに開始した。そして、この共同生活中に、自らの性的欲望を掻き立てるミルクを飲むことを断念する誓いも立てた。

なぜ、ガンディーがカレンバッハとの同居生活を断念し、ミルクを飲むことを止める決意に至ったのかについては明確な理由は分からない。だが、歴史家のトリディープ・スフルドが、ジャーナリストのジョセフ・レリーヴェルドに語ったように、同居期間中にガンディーとカレンバッハとの間に、ほとんど「恋人同士」を思わせる「ホモエロティック」な関係が築かれていたことは確かであったと思われる（『マハートマー・ガンディーとインドの闘争』二〇一二年）。

たとえば、次のガンディーの書簡（一九〇九年九月二四日付）の中には、二人の間に何かしらの密な身体的接触があったことを思わせる内容が見られる。

あなたの写真が私の部屋の暖炉の上に飾ってあります。暖炉はベッドの向かいにあります。永久不滅の楊枝がここにあります。櫛、脱脂綿、そしてワセリンを見る度に思い出してしまいます。［……］それだから、仮に私の頭の中であなたのことを考えないようにしてもできなかったのです。［……］あなたと私に言いたいことは、あなたがいかに徹底的に私の身体を奪ってしまったかを伝えることなのです。［傍点筆者］

さらにガンディーが書いたグジャラーティー語の『自伝』を精読すると、この時期にガンディーがロマンティックな「情愛（ラサ）」を感じるようになり、それに少なからず「罪障（パープ）」を感じるようになったことも記されている。

ガンディーのブラフマチャリヤ思想を考察する上で重要なことは次の二点である。第一に、カレンバッハとのホモエロティックな同居生活がなければ、ガンディーのサッティヤーグラハ運動の生命エネルギーの集中的な蓄積と、サッティヤーグラハ思想の成熟は起こり得なかったということである。これとは逆に、第二に、カレンバッハとの同居生活は、最終的にサッティヤーグラハ運動を行う上で有害な性的欲望を発生させ、このことがガンディーのミルクを断念する誓いに導いたと考えられることである。

以上の点を鑑みて、南アフリカ滞在期のガンディーが、ブラフマチャリヤの実践において、最終的にミルクを断念したことから、正負のエネルギーの負の側面をより重要視するようになったことが分かる。

3　男性的ナショナリズムから女性原理へ

†非暴力と生命エネルギー

一九一五年に、南アフリカからインドに帰国した後、ガンディーはインド国民会議に参加する政治家・独立運動家の一人として活動を開始した。そのわずか四年後に、彼は会議の中心的存在となっていった（第一章）。一九一九年以降に、ガンディーがインドで行った反英独立運動のプロジェクトもまた、彼のブラフマチャリヤの思想・実践と不可分な関係にあった。本節では、第一次独立運動中にインドで展開した「非協力運動（Non-Co-operation Movement）」とブラフマチャリヤとの関係について見ていきたい。

ガンディーは一九二〇年に非協力運動を開始する前年から、自らが編集する政治的週刊紙である『青年インド』（英語）と『新しい生命』（グジャラーティー語）をバイリンガルで刊行し、サッティヤーグラハ運動にはブラフマチャリヤによる生命エネルギーの集積が不可欠であることを公に語るようになっていった。

たとえば、第一次独立運動期に『青年インド』紙一九二〇年八月一一日号に掲載された有名な「剣の教義」と題する記事では、「宥恕」としての非暴力と「内なる力」との関係について次のように説かれている。

もし臆病か暴力のどちらかしか選択肢がないならば、私は疑いなく暴力を選ぶよう助言するでしょう。［……］しかしながら、私は非暴力が暴力よりも無限に優れており、宥恕が懲罰よりも遥かに男らしいと信じています。［……］正しい知識に根差した宥恕があれば、私たちの内なる力の大きな波動がやって来るのであり、［……イギリスが］インドに侮辱を加えることは不可能となります。［……］だから私はインドが弱者であるから非暴力を実践せよと懇請しているのではありません。私は自身の強さと力に自覚的になった上で非暴力を実践してもらいたいのです。

ここで言われている「宥恕」と「内なる力」について、ガンディーは同じ時期にグジャラーティー語で書いた別の記事で、次のように説明している。

私たちが国に奉仕しようとするならば、私は日に日に分かってきたのですが、精液（ヴィールヤ）の適切な保持が確実に必要なのです。［精液の漏洩によって、］身体が棒のよう［に虚弱］な者が宥恕の性質をどうして得ることができるでしょうか。［……］ゆえに、私はあなたがたに言いますが、もしあなたがたが宥恕［の性質］に満ち満ちた真実を把持する勝利者になりたいならば、あなたがたは精液の決然とした保持をしなければならないのです。『不滅の作品集』一八巻――グジャラーティー語の「ヴィールヤ」は、「精液」の他に、「生命エネルギー、精力、男らしさ」などの多様な意味がある」

ガンディーは第一次独立運動中、インドの人々（主に男性）にブラフマチャリヤを実践し、精液＝生命エネルギーを保持する重要性を説いた。そこで強調されたことは、カレンバッハとの同居生活以来、強調されていたブラフマチャリヤの遵守による「男らしさ」や身体的強健さの向上であった。

写真4-8　サロージニー・ナーイドゥー

†「女性原理」の発見と塩の行進

　ガンディーのブラフマチャリヤ思想に根源的な変化が見られるのは、第一次独立運動後の一九二〇年代半ば以降であった。この時期から、しばしばホモソーシャルな男性との結束（これは言い換えれば女性の排除を暗示した）が重視されたそれまでのガンディーのブラフマチャリヤとは異なる実践が行われるようになった。

　実のところ、一九三〇年の塩の行進は、このようなガンディーの「新しい」ブラフマチャリヤ思想に根差して行われたものであった。新しいブラフマチャリヤ思想の最大の特徴とは、公私に跨って「女性原理」が強調された点にあった。

　ガンディーのブラフマチャリヤ思想の変容は、第一に、彼の女性に関する政策からうかがい知ることができる。たとえば、ガンディーは、自らが議長を務めていたインド国民会議の後継者として、一九二五年に初の女性の党員であるサロージニー・ナーイドゥー（写真4-8）を推薦した。ナーイドゥーは近代インドで女性の権利向上を訴えたフェミニズム運動の開拓者である。この時代に与党の議長に女性が選出されるという事態は、世界的に見ても極めて先進的な事であった。ガンディーは『青年インド』紙一九二四年七月一七日号で次のように述べた。

現状において、私はサロージニーに一票を入れたいと思います。［……］私たちはまだインド人女性の議長を持ったことがありません。このことは、本来ずっと前に起こるべきだったインド人の姉妹に賛辞を贈るまたとない機会なのです。

写真4-9　塩の行進を率いるナーイドゥー

さらに、ガンディーは、このナーイドゥーに全面的信頼を置き、塩の行進中にガンディーが投獄された際には、自身の代理人として行進を率いさせたのだった（写真4-9）。序章でも紹介した塩の行進の歴史的名場面である、ダラーサナーで展開した二五〇〇人の男性隊員を率いるナーイドゥーの姿はインドで有名である。

ガンディーは第一次独立運動中と異なり、第二次独立運動中、ナーイドゥーと協力して女性参加を積極的に呼びかけるようになった。第二章でも言及したように、ガンディーが一九三〇年四月に、塩の行進の目的地であるダーンディー海岸に到着した

写真4-10　女性を「杖」とするガンディー

時には、ガンディーの呼びかけに応じた数千人の階級を問わない女性たちが周辺の町々から駆けつけた。そして、サッティヤーグラハ運動に参加したこれらの「女性たちは次第に勇敢になっていき、興奮した空気に感染されて」、塩税法違反のためのピケット活動を開始し、塩のサッティヤーグラハにおける抗議主体の中心的人材となっていった（T・ウェーバー『塩の行進』二〇〇九年）。最終的にグジャラートで展開したサッティヤーグラハ運動参加者全体の三〇〜四〇％を女性が占めるようになった。中流階級以上の男性エリートが支配的であったそれまでの反英独立運動で、これだけの割合の女性が参加した事例はそれまでなかった。しばしば歴史家は、ガンディーの塩の行進によってインド・ナショナリズムの「女性化（feminization）」が起こったことを指摘する。

第二に、一九二〇年代半ばから、しばしばガンディーは「女性こそがアヒンサー（非暴力）の化身である」と語るようになり、個人のレベルでも、それまでのブラフマチャリヤの実践とは異なる行動を取るようになった。ガンディーはそれまでの禁欲主義的なブラフマチャリヤの実践と対照的に、ブラフマチャリヤの名の下に、積極的に女性との身体的接触を行うようになっていった。たとえば、ガンディーは女性との接触が自身の「〔霊的な〕向上に不可欠である」として、自らの身の回りの世話（日々のマッサージや徒歩の同行など）を女性の側近に任せるようになっていった。歩く時には、自らの「杖」として、しばしば二人の若い女性の首に腕を回して歩いた（写真4-10）。

さらに特筆すべきこととして、晩年のガンディーが単に女性と身体的に接触しただけでなく、これによって、自分自身の身体にも女性的変化（「女性性」や「母性」の開発とも言われた）を求めるようになった点を挙げられる。たとえば、ガンディーはブラフマチャリヤについての晩年の見解を綴った『健康の鍵』というグジャラーティー語の本（没後に出版）の中で、ブラフマチャリヤの究極的目的が、「男女の区別を消し去り〔……〕生殖器官も異なる形に変化させ」、保持された自身の精液を女性的エネルギーとしてのシャクティに「転換」させることであると語った。

†タントラ学派からの影響

いったい、ガンディーのブラフマチャリヤ思想に変容をもたらした要因は何だったのだろうか。ガンディーの秘書の一人であったピャーレーラールという人物が、『マハートマー・ガンディーの最終段階』（一九五六年）という著書の中で、ガンディーが晩年に、親しい仲間と二日間にわたって交わした「極秘の」会話の中で、自らが五〇代半ば以降に彫琢していった新しいブラフマチャリヤの思想が、あるヒンドゥー教の「異端」から深い影響を受けるものであったことを語ったと記録している。

今日でさえ、一般の人々を考慮する限り、私はあなたがたが古い考えだと呼ぶ「ブラフマチャリヤの」実践を提示しています。同時に、［……］私に限っては近代思想に深く影響を受けています。私たちの中でさえ、タントラ学派があり、「この学派の思想は、」裁判官のジョン・ウッドロフ卿のような西洋の役人に影響を与えました。私は彼の様々な著作をヤラワダー刑務所で読みました。あなたがたは皆、「ヒンドゥー教の」正統派の伝統の中で育ってきました。私の定義によると、あなたがたは真のブラフマチャリヤ実践者とは見なされません。

ここでガンディーは、第一次独立運動後、プネーにあるヤラワダー刑務所に投獄されていた時、イギリス人裁判官であり、東洋学者でもあるジョン・ウッドロフ卿（写真4-11、4-12）という人物の「タントラ学派」に関する様々な著述から「深い影響」を受けたことを語った。

「タントラ」（サンスクリット語で「織物」の意）の概念は、一般的にヒンドゥー教の密教思想、特にシヴァ派のシャクティ派にまつわる思想や儀礼を指すものとして知られる。ウッドロフは、シャクティ派の思想をサンスクリット語の文献から英語に翻訳して、西洋社会に一早く紹介した「近代タントラ学の父」と称される人物である。ウッドロフ自ら、シャクティ派の入信儀礼《ディークシャー》を受けたタントラ信者《タントーリカ》であった。

シャクティ派の儀礼において、男性信者は「女性原理」としてのシヴァ神の神姫の力である「シャクティ」を発現させる秘儀（後述）を行う。そこにおいては、ヒンドゥー教の伝統的戒律をあえて逸脱する行為が含まれることもある。ガンディーは自らのブラフマチャリヤ思想・実践を変容させる上で、タントラ思想をも独自の仕方で受容していったことを晩年に語ったのであった。

写真4-11　信者の衣服を身にまとうウッドロフ

写真4-12　ガンディーが刑務所で読んだウッドロフの著作

†晩年の「大いなる供犠」

一九四七年八月にインドがパキスタンと分離独立してからわずか半年後にガンディーは暗殺された。分離独立を目前にしたガンディーの生涯最後の数年間は、近代インド史における前代未聞の混乱期にあった。一九四六年八月、西部ベンガル地方のカルカッタ（現コルカタ）で、ヒンドゥー教徒とムスリムとの間で一日六〇〇〇人の死者を出す大暴動が勃発し、その後、暴動の余波がインド各地へと飛び火し、分離独立前後の時期に、数年間で数十万から数百万の死者を出すまでの大惨事に至った。

この近代インド史上最大の危機を前にして、自らの無力さに打ちひしがれそうになったガンディーは、グジャラーティー語の『神民の兄弟』紙や側近に宛てた書簡で、今こそ「真の性的統制者」になる必要があるとして、一つの「最終的な」ブラフマチャリヤの「実験」の開始を宣言した。この実験において、ガンディーは、自らの従姪孫《じゅうてつそん》に当たる一九歳のマヌという女性と裸の同衾の実験を行った（なお、しばしば混同されるが、ガンディーが晩年に同衾したこのマヌという女性は、ガンディーのいとこの息子のジャヤスクラールという人物の娘、つまりガンディーの従姪孫に当たるのであって、同姓同名のガンディーの長男のハリラールの娘、つまりガンディーの孫娘とは別人物である。「マヌ」は、グジャラート地方で男女を問わないヒンドゥー教徒に付けられる一般的な名前である)。

ガンディーはマヌとの間に行ったこの実験を、グジャラーティー語で「大いなる供犠(マハーヤッギャ)」と呼んだ。実のところ、先に述べたタントラに関するガンディーと仲間たちとの会話は、ベンガル地方のノアカリという場所で、実験の最も重要とされた一段階(一九四六年一一月六日から翌年三月二日)が終了した直後に交わされたものであった。

ここで注意が必要なのは、ガンディーは仲間との会話でタントラ思想から「深い影響」を受けたことを語りながらも、ガンディーのブラフマチャリヤ思想は伝統的なタントラ思想とはかなり異質な性格を有していたことである。その理由は、ガンディー自身が生涯にわたって洋の東西を問わない様々な文献を渉猟し、独自の思想を彫琢していったからと考えられる。

伝統的なタントラ思想には大きく「左道」と「右道」という二種類の流派がある。左道は、女性原理であるシャクティを得るために、正統的なバラモン教の儀礼で禁止されている三つの対象物である女性・酒・肉をあえて儀礼の中で用いる。この秘儀において、飲酒と肉食に並行して、信者(男性)は女性との性交渉を行う。これにより信者は女性原理としてのシャクティを自らの内に取り込む。一方、右道は儀礼において、これらの三つの対象物をあくまでシンボリックなものとして解釈し、これらに代替する祭具のみを用いる。右道はタントラで説かれる儀礼的逸脱行為は、超越的世界の秘教であり、現実世界ではあくまでそれらを比喩的に表現されるべきものと捉える。

　ガンディーが晩年に行ったブラフマチャリヤの実験はこれらの左道と右道の両方と似て非なるものであった。ガンディーは右道のように女性との接触を単なるシンボリックな行為と見なすのではなく、実際に女性と裸の同衾を行った。一方で、実験の中でガンディーは左道と異なり、性交渉は勿論のこと、射精や勃起を起こさないことを絶対の条件とした。ガンディーが実験で行っていたことは、マヌとの裸の同衾を行う最中で、勃起や射精を起こさず、一切の性的感情を持たない状態を保つことで、生命エネルギーを完全に正の極に変換することであった。このことが適切に行われれば、莫大なシャクティが発現し、その霊的な力は分離独立の悲劇をも食い止めることができるとガンディーは考えた。そして、実験が成功しているかどうかの証明は、マヌ自身がガンディーと裸で寝ながらも、ガンディーに対していかなる恐怖心も抱くことなく、性を超越した「母親」と一緒にいるような安心感を得られるかどうかにあるとされた。ガンディーは実験の成功を確かめるために、実験が行われていた数年間、毎日マヌに日記をつけさせ、マヌが実験でどのように感じていたのかを報告させた（マヌ『日記』一九四九〜六六年）。

　ガンディー自身は「実験」の成果に一時的に満足したようであるが、最終的に実験が分離独立の悲劇を食い止められなかったことは歴史が証明している。そして、一九四七年八月一五日の分離独立の日から一九四八年一月三〇日に暗殺される瞬間までの最期の半年間、「大いなる供犠」も功を奏すことがなかったことを悟ったガンディーは、次章で見るように、自らの無力さを前に為す術を完全に失い、「神の恩寵」に依り頼むのみとなった。ガンディーにとって最も苦悶に満ちた時間であった。

†「新しい」ブラフマチャリヤが行われた理由

一九二〇年代半ば以降に、新しいブラフマチャリヤが実践され、ガンディーが女性原理を重視し、女性との接触を行っていった理由は大きく二つあったと考えられる。

一つ目の理由が、すでに述べたようにヒンドゥー教の女神信仰であるタントラ思想の受容によって、生命エネルギーとしてのシャクティを高めようとしたからである。すでに述べた通り、シャクティはガンディーのサッティヤーグラハ運動の原動力であり、また社会変容を起こす神秘的なエネルギーであると信じられていた。並行して、ガンディーは自分自身の身体変容（女性化）の実験も行った。

考えうる二つ目の理由は、先に見た南アフリカ滞在期と異なり、ガンディーが明らかに老いを感じていたからである。すでに述べた通り、性的欲望と生命エネルギーは表裏一体の関係にある。ガンディーは後年になるにつれて、性的欲望が減少していったかもしれないが、それは同時に生命エネルギーの減少をも意味した。ミルクを断った若き南アフリカ滞在期のガンディーと異なり、インド帰国後のガンディーは、第一次独立運動が開始される直前の時期に、誓いを破ってミルクを再び飲むようになり、一九二〇年代半ばからは女性と接触するようになった。これらの実践はそれまでのガンディーのブラフマチャリヤの思想に照らして考えるならば、非常に強いリスクを秘めた行為であった。そうまでしても、ガンディーはインドの危機的状況を打破するために、サッティヤーグラハ運動に欠かせない性的欲望＝生命エネルギーを回復しようとしたのだった。

最終的に分離独立は食い止められなかったものの、確かにガンディーは、新しいブラフマチャリヤによって自己の内に甚大な精神力、意志の力、さらには身体的なエネルギーを得ることができたと確信していた。というのも、晩年に至るまで彼は突出して健康だっただけでなく、ずば抜けた記憶力・知性・学習能力を維持し、彼の執筆した膨大な量の著述や演説の記録は、没後に少なくとも三つの言語にわたる数万頁の全集（全二七九巻）に収録されている。六〇歳の年齢の時には、ガンディーは約三八八kmの塩の行進を難なくやり遂げた。さらに、分離独立直前の時期（「大いなる供犠」の期間）には、ガンディーはすでに七六歳に達していたが、睡眠時間は三時間程度で、徒歩の長距離遠征を含む二〇時間以上の驚異的な労働を日々こなした。七〇歳を迎えた頃から、ガンディーはしばしば周囲に、自信に満ちた口調で「私は一二五歳まで生きられる」とまで語っていた。これらの圧倒的な精神的・身体的なエネルギーを、ブラフマチャリヤの実践者であるガンディーは晩年まで維持したのであった。

†「おお、マハートマー」

本章ではガンディーのサッティヤーグラハ運動とブラフマチャリヤの実践・思想との関係について見てきた。幼い頃のトラウマ的体験（「呪い」）が引き金となって、ガンディーは性に対して専らネガティブな考えを抱くようになり、青年時代からブラフマチャリヤへの関心を強めていった。その探求はラージチャンドラを通したジャイナ教というインドで最も厳格な禁欲的思想の受容から始まり、近代西洋思想を経由して、タントラというヒンドゥー教の密教思想の受容にまで至った。一人の人生の中で、洋の東西、伝統と近代の違いを問わず、ここまで幅広い範囲の思想を自らの内に取り入れていった者は滅多にいないだろう。彼の貪欲なまでの禁欲の探求は、それほどまでに幼少期の「呪い」の束縛が強く、彼の心を捕らえ続けていたことを示すものでもある。本章で見てきたように、ガンディーの性の真実にしがみつこうとするブラフマチャリヤの思想的遍歴は、元来ガンディー自身の個人的な体験や関心に端を発するものであり、それゆえに彼の性についての理解から何かしらの現代的な意義を語ることは困難と言えよう。

一方で、覚えておくべきことは、確かにビク・パーレークのような研究者が指摘しているように、ガンディーのブラフマチャリヤ思想は、科学的な「根拠」を欠いた「神秘的」信仰でしかなかったかもしれないが、そのような「神秘的」信仰はガンディーが率いた数々の歴史的な反植民地闘争で一貫して重大な機能を果たしていたという事実である。サッティヤーグラハ運動はその誕生の瞬間から晩年に至るまで、ブラフマチャリヤによる生命エネルギーの集積の信仰・実践と表裏一体の関係にあった。もし、ガンディーがブラフマチャリヤの誓いを交わしていなければ、サッティヤーグラハ運動だけでなく、恐らく非暴力の思想・言葉も誕生していなかったことだろう。その場合、ガンディーの政治運動は、同時代のベンガル人や欧米の労働者が行っていた世俗的なボイコットやストライキの単なる真似事となっていただろう。

サッティヤーグラハ運動や非暴力の原動力は、その実践者自身の巨大な意志の力によって蓄積された生命エネルギー、つまり魂の力にあった。厳格なブラフマチャリヤを実践し、晩年に至るまで過密スケジュールをこなすガンディーの姿は、ほとんど超人的なレベルでそれらを持ち合わせていたことを周囲に証明した。それゆえに、ガンディーに出会った人々は、彼に対して批判的な人間も含め、口をそろえて彼のことを「おお、マハートマー」と呼ばずにはいられなかった。

第五章

宗教の真実——善意が悪になる時

インドは宗教と切り離せない国である。インドには二大宗教であるヒンドゥー教とイスラーム教を筆頭に、シク教、仏教、ジャイナ教、ゾロアスター教、キリスト教、ユダヤ教などといった多くの宗教が混在している。宗教はインドの様々な言語や文化の発展にも深く影響を及ぼしてきたのであり、生まれながらにして人々の生活空間の内層に埋め込まれている。このような国にあっては、政府が特定宗教を優遇することは原則として許されず、宗教的多元性の容認は社会の安定と繁栄をはかる上で欠かせない。

ガンディーは、異なる信仰者が互いを排除することなく尊重・共生する平和的社会の構想を最も熱心に訴え続けた英領期・独立後のインドの代表的政治家の一人であった。特に、一九四七年にインド亜大陸が、ヒンドゥー教徒多住地域であるインドとムスリム多住地域である東西パキスタンに分離独立しようとしていた時期に、ガンディーは寝る間を惜しんで命がけで暴動が発生している国境地帯を行脚し、宗教の違いで互いを憎しみ合い、殺し合うことのないようにと人々を諭したことで知られる（写真5-1）。

ここで留意すべき点は、ガンディーが唱えた宗教的多元性の理念は、昨今よく巷で耳にする宗教・文化・民族などの「ダイバーシティ」を謳う多文化主義の言説とは根本的に異なるということである。後者は多様な集団の「権利」を平等に擁護することを目的としており、そこにおいて異なる集団の価値観は本質的に相対的であることが前提にされている。これに対して、ガンディーの説く多元性の理念では、異なる集団を擁護することは目的ではなく手段であり、様々な集団の価値観を尊重し擁護していった先には「統一性／融和（エクター）」、すなわち「絶対的な真実」の地平があると考えられた。こうした理念は、ガンディーによって「様々な宗教は唯一の場に到達するための異なる道」（『インドの独立』）とも比喩的に表現された。そして、異なる信仰者がこの「唯一の場」に至ることこそ最終的な目的であるとガンディーは説いた。

実のところ、「様々な宗教は唯一の場に到達するための異なる道」という発想（あるいはそれに準ずる発想）は、ガンディーのオリジナルなものではない。それはインドにおいて、中世の宗教詩人であるカビールやイスラーム神秘主義者のスーフィーたちに代表されるように、少なくとも北インドでイスラーム王朝が安定期を迎えていく一六世紀頃には存在しており、異なる信仰者（特にヒンドゥー教徒とムスリム）が平和的に共存していく上で、ゆっくりと数世紀かけて醸成

写真5-1　暴動が激化するベンガル地方で護衛をつけず一人行脚する姿

写真5-2　ラーマクリシュナ。「全ての宗教は真実であり、全ての信仰は異なる道である」と説いた。

されていった民衆たちの生活の知恵であった。英領期においてガンディー以前にこの発想を打ち出した最もよく知られた人物は、前章で見たヴィヴェーカーナンダの師であり、著名な宗教学者のマックス・ミュラーが「インドが生み出した最も偉大な人物」と称したベンガルの聖者であるラーマクリシュナ（写真5-2）であった。

繰り返すが、宗教的多元性の理念は、ガンディーのオリジナルな考え方ではない。だが、ガンディーはある独自の解釈を施すことで、これをオリジナルなものに仕立て上げた。これに関連してまず考えなければならないのは、「様々な宗教は唯一の場に到達するための異なる道」という言葉で語られている、その「唯一の場」とはそもそも何かということである。換言すれば、全ての宗教の根底にある（あるいは全ての宗教を超越した）「絶対的な真実」とは何であり、いったいそれを誰がどう決められるのかという問題である。

この問題に対してガンディーは次のような解決策を提示した。ガンディー曰く、ある人間が真実に正しく到達しているか／向かっているかどうかを示す唯一自明の基準が存在している。それが「非暴力」であった。ある人間がどれほど真実を体現しているかどうかは、その人間がどれほど非暴力的かで見極めることができるという。たとえば、ある人間が絶対的真実を語りながら、人殺しを正当化することはありえない。また、真実を説く人間が怒りや憎悪の感情に駆られていることもありえない。ある人間が真実を語りながら、自らの食欲や性欲を押さえきれず、不摂生な生活を送っていることもありえない。全ての宗教に通じる絶対的な真実に至る唯一の道は非暴力であるとして、宗教的多元性の理想と非暴力の原理を結び付けたことに、ガンディーのオリジナリティがあった。そして、ガンディーによれば、非暴力の原理は、あらゆる宗教に共通して見出される「普遍的な教え」であった。本章ではこのようなガンディーの宗教的多元性の理念と非暴力の原理を結び付けた彼独自の宗教思想を、便宜的に「非暴力的宗教多元主義」と呼ぶことにしたい。

ここで次のようなさらなる問いが浮かび上がってくる。つまり、仮に全ての宗教の根底にある絶対的な真実を見極める指標として非暴力の原理を認めたとしても、そもそもそこで語られる非暴力とは何なのか。この問いは、本書でこれまで見てきた内容を鑑みても深刻である。ガンディーの主張する非暴力は明らかに単なる「暴力を用いないこと」や「力によらない方法」という意味ではない。たとえば、ガンディーは自らの非暴力の原理を「剣の教義」という有名な記事の中で、「もし臆病か暴力のどちらかしか選択肢がないならば、私は疑いなく暴力を選ぶよう助言するでしょう」とまで語った（後述）。さらに、仮に非暴力の厳密な定義をめぐる議論を避けたとしても、そもそもその非暴力があらゆる宗教に通じる「普遍的な教え」であるという解釈に、あらゆる信仰者は賛同するだろうか。

本章では、ガンディーの「宗教の真実」にしがみつこうとする様々な実験を見ていく。これによって、彼の宗教思想の中心に見受けられる非暴力的宗教多元主義という思想がいかなるもので、それはいかにして形成されたのか、さらにその思想が現実の政治運動に適用されていった時、インド社会にいかなる正負の帰結をもたらしたのか、これらの問いを探究していく。結論部では、最晩年に見られるようになったガンディーの宗教思想・実践の特徴にも光を当てたい。

1 「宗教」以前の宗教的体験

†多様な宗教文化に開かれた生育環境

第一章でも触れた通り、ガンディーはヒンドゥー教の二大宗派の一つであるヴィシュヌ派の家庭に生まれ、ロンドン留学までをグジャラート地方のカーティヤーワール半島にあるポールバンダル（〇～六／七歳頃）とラージコート（六／七歳頃～一八歳）という二つの藩王国で過ごした。グジャラート地方はヴィシュヌ派が有力な地域であり、他にもジャイナ教徒の多い地域としても有名である。

さらに、ガンディーが幼少期を過ごしたポールバンダルはアラビア海に面した港町であり、この地域は古くから海洋交易の中心地であり、ムスリムやゾロアスター教徒（パールスィー）の商人も住み着く多文化社会であった。

ガンディーはロンドン留学まで、父が藩王国の宰相であったことから、様々な信仰者が家を出入りする環境で育った。来訪者の中には宗派を問わないヒンドゥー教徒の他に、ジャイナ教徒やムスリムもいた。父の家系は伝統的にヴィシュヌ派の一派であるヴァッラバーチャーリヤ派（一六世紀の聖者であるヴァッラバという人物が創設した宗派。ヴィシュヌ神の生まれ変わりであるクリシュナ神を信仰する。北部・西部インドの商人カーストに信者が多い）に属していたが、父は宗派に固執することなく、様々な宗教の来訪者としばしば熱心な議論に興じたという。

ガンディーの母は信心深いプラナーミー派（主にクリシュナ神崇拝を行うヴィシュヌ派に属するが、礼拝ではコーランなどの他宗教の経典も用いるなど習合主義的《シンクレティック》な特徴を持つ）の信者であった。母はヒンドゥー教の寺院に欠かさずに通う信心深い人物だった。特に幼いガンディーに印象的だったのは、母の断食の時の姿だった。毎年のチャートゥルマース（雨期に四カ月にわたって行われる断食の期間・誓い）では、母は一日一食かそれ以下の食事しかとらなかった。幼いガンディーは母の行動を不思議に思いながらも、母の姿に何か「神聖なもの」を感じ取っていたという。信心深く初志貫徹の精神に生きた母の姿は、ガンディーの脳裏に深く刻まれ、後年に「女性こそがアヒンサー（非暴力）の化身である」と述べるようになった時も（第四章参照）、ガンディーはしばしば母についての個人的な思い出を回想した。

多様な宗教に開かれた環境に育ったガンディーは、ヴィシュヌ派以外の宗派や宗教に対する偏見を持つことなく育った。『自伝』で綴っているように、ロンドン留学までのガンディーは特別な「宗教の教育を受けなかった」という。彼は自らの宗教的感性を、ヴィシュヌ派の教義や戒律を通してではなく、生まれ育った多文化的な環境から自然な形で吸収していった。

こうした「宗教」以前の宗教的体験とでも言えるものの中で、ガンディーの生涯において特に重要な意味を持ったのは、家の使用人・子守女性のランバーから教わった「ラーマのおまじない」をめぐる思い出であった。

†「ラーマのおまじない」

幼少期のガンディーは、地元のヴァッラバーチャーリヤ派の僧侶の汚職についての噂を聞き、華美な装飾が施されたヒンドゥー教の寺院が偽善的に見えてそれを嫌っていた。『自伝』によると、幼い頃の寺院通いからは、ガンディー曰く「何一つ得るものがなかった」という。

一方で、ランバーという家の子守女性との思い出は、ガンディーの心に深く残った。ランバーはよく、ラーマ神（ヴィシュヌ神の生まれ変わり）についてのおとぎ話をガンディーに語ってくれた。その中でもガンディーにとって印象的だったのが、ラーマの名前を用いた「おまじない」であった。ガンディーは幼い頃に怖がりで臆病な少年だったという。特に、「お化け」が怖くて夜に灯火なしで眠れなかった。そのことを知って、ランバーはガンディーに、怖くなった時は、「ラーマ、ラーマ、ラーマ……」と神様の名前を唱えるよう教えた。ガンディーは素直にそれを受け入れ、幼い頃、事あるごとに「ラーマ、ラーマ、ラーマ」と唱えた。

やがてこの習慣は逞しい青年へと成長していったガンディーの生活から忘れられていったが、幼少期に播かれた素朴な民間信仰の種は、後のガンディーの中でも決して「消えることはなかった」という。実のところ、「ラーマのおまじない」は、後述する通り、最晩年になってガンディーが自らの無力さに打ちひしがれた時、重要な意味を帯びるようになった。

2　全ての宗教に通じる教え

†諸宗教の経典を読む

ガンディーが諸宗教の経典を自らの手に取り、それらの知識を主体的に習得していったのは、ようやく一九歳になって、イギリスに渡航して以降であった。とはいえ、この頃の宗教についての学びも、ほとんど必要に迫られてのものだった。

第二章で見たように、ガンディーはロンドン滞在中に下宿先の近くの菜食主義レストランに通うようになり、そこで長年の親交を結ぶことになる多くの友人と出会った。このレストランで出会った友人の中で、最初にガンディーに宗教の学びのきっかけを与えたのが、同時代に欧米で影響力を拡大しつつあった神智学協会（ロシア人の神秘家マダム・ブラヴァツキーが創設した新宗教団体）の二人の著名なイギリス人会員であった。「普遍的兄弟愛」を信じ、「西洋」の外にある「東洋」の諸宗教に特別な関心を抱くこれらの会員は、菜食主義レストランで偶然インド人のガンディーを見つけて喜んだ。

会員たちは、ちょうどヒンドゥー教の聖典である『バガヴァッド・ギーター』（ヒンドゥー教の二大叙事詩の一つ『マハーバーラタ』の一部であるが、独立した聖典としての地位を持つ。通称、『ギーター』）の勉強会を行っていた。会員たちはサンスクリット語で書かれた『ギーター』の原典の内容を教えてもらえることを期待して、ガンディーを誘った。ところが、イギリス人紳士になりきろうとしていた当時のガンディー（第三章）は、この時に全くサンスクリット語ができないどころか、そもそも『ギーター』を故郷の言語であるグジャラーティー語の翻訳でも読んだことがなく、「宗教の知識が全くない」状態だった（『自伝』）。そして、ガンディーはこの時初めて自文化への無知に恥じ入って「赤面した」という。グジャラーティー語とサンスクリット語に共通するいくつかの宗教概念ぐらいは理解できるということで、ガンディーは、多少は役立てるだろうと思い、勉強会に参加することにした。

　この勉強会をきっかけとして、ガンディーは知識人が最低限知っておくべき教養を得る目的で、『ギーター』の他に、キリスト教の聖書や仏陀やムハンマドの伝記を読むようになった（この時点では全て英語）。必要に迫られて読み始めた宗教関連の本であったが、読み始めると意外にも興味深い内容が多く見られたという。特にガンディーの心に残ったのは、『ギーター』の感官（欲望を生み出す身体部位）の統制についての教え、新約聖書で語られるイエスの「山上の垂訓」（「敵を愛せよ」や「右の頬を打たれたら左の頬を出せ」などの教え）、仏陀の人間以外も含む全生類に対する「慈悲」の教えであった。ガンディーの目には、これらの教えがどれも、究極的に「自己犠牲」という同じ道徳的教訓を説くもののように思えた。さらに、『自伝』で述べられているところによれば、これらのヒンドゥー教、キリスト教、仏教の教えが、幼少期に聞かされていた中世グジャラートの詩人であるシャーマル・バットの宗教詩（「悪を為す者には徳で報いる者こそ、世を制する」と説かれる）を彷彿とさせたという。インドからはるばる海を渡って到着したロンドンの地で身につけた宗教的教養が、故郷で知ったローカルな思想と結びついたことにより、学生時代のガンディーは全ての宗教は同じ倫理的原則に根差しているに違いないという素朴な確信を持つようになった。

†南アフリカで起こった「宗教」への目覚め

ロンドン滞在以降、ガンディーは一般教養を得る目的で世界の主要な宗教について学び始めたが、この頃の学びは彼にとって人間に究極的な生きる意味や義務を教えるような重大事ではなかった。ガンディーが宗教に対して実存的関心を抱くようになったのは、第一章で見た通り、南アフリカに移住して生まれて初めての赤裸々な有色人種差別を経験して以降であった。

ガンディーの宗教思想形成を考察する上で最も重要な時期とされるのが、二三歳に南アフリカに移住した直後に経験した人種差別の後に、ガンディーが法律関連の仕事に従事するために過ごしたトランスヴァール共和国（後に英領植民地・自治領となる）のプレトリア市における一年間の生活であった。この時期にガンディーは比較的余暇があったとされ、法律関連の仕事に携わるかたわら、職場上の付き合いで、クエーカー派（プロテスタントの一派）の友人が通うキリスト教徒の集会に定期的に参加するようになった。

南アフリカ滞在中のガンディーが、友人の宣教師であるジョセフ・ドークに語ったところによると、ガンディーはプレトリアに滞在した一年で宗教関連の著作を八〇冊以上、貪るように渉猟したという（『M・K・ガンディー』一九〇九年）。また、『自伝』執筆時にもガンディーはこの一年を後に振り返って、彼に宗教の意義をはっきりと自覚せしめた人生における重要な「宗教的攪拌」の時期であったと書いている。プレトリア滞在中に読んだ本の中で、ガンディーに生涯にわたる最も「深い影響」を与えたとされるのが、ジャイナ教徒のシュリーマッド・ラージチャンドラ（前章参照）やロシアの文豪・宗教家のレフ・トルストイ（写真5-3）の著述であった。

写真5-3　レフ・トルストイ

ガンディーはラージチャンドラと一八九一年にボンベイ（現ムンバイ）で出会って以来、後者が一九〇〇年に没するまで、親密な交流を続けた。ガンディーが南アフリカに滞在した間、二人は南アフリカとインドを跨ぐ文通を行った。ガンディーがラージチャンドラ宛てにグジャラーティー語で綴った書簡には、宗教をめぐる二七個の質問（「アートマンとは何か？」「神とは何か？」「解脱とは何か？」「世界の終わりはどのような状態になるのか？」など）が記されていたが、ラージチャンドラは返信の中でそれら一つひとつに真摯に応えた。さらに、二人の文通時に、ラージチャンドラは、自らが書き記した『解脱の言葉』（写真5-4）と題するグジャラーティー語の著書も送った。その本の中には、「慈悲（ダヤー）の他に宗教はない」こと、「［慈悲は］全ての教義の骨子であり、万人に受け入れられ、万人に有益なものである」という教えや、「真実（サッティヤ）はこの『世界の維持者』［……］であり、この言い習わしから、［全ての］宗教、倫理、政治、また実践が推進される」といった内容が説かれていた。閉鎖的なジャイナ教の教義にとらわれないラージチャンドラの開かれた「慈悲」や普遍的な「真実」の概念は、後にガンディーが提唱するようになるサッティヤーグラハの思想にも深く影響が及んだ。

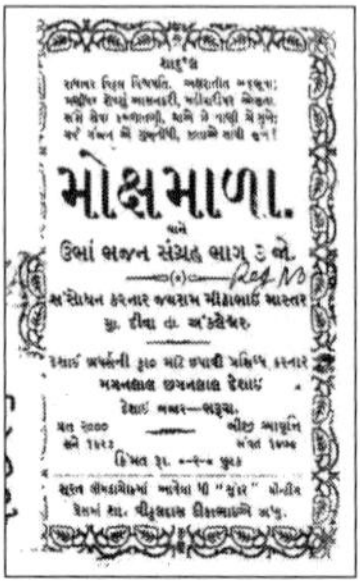

写真5-4　ラージチャンドラ『解脱の言葉』表紙（1887年出版）

これに関連して重要なことは、ガンディーがグジャラートに住むラージチャンドラと交流する中で、インドの地方言語で書かれたローカルな伝統的宗教知識の意義をも見出していったことであった。ガンディーは、南アフリカ滞在期以降に、インド北（西）部で活躍した中世の宗教詩人であるナラシンハ・メヘターやミーラー・バーイーなどのグジャラーティー語の詩集・

文献、トゥルシーダースやカビールなどのヒンディー語（アワディー方言）の詩集・文献も渉猟するようになった。これらの宗教詩人の思想の特徴は、ヒンドゥー文化とイスラーム文化の両方の影響下にあり、普遍的な宗教倫理が説かれていたことである。ガンディーはこれらの宗教詩も究極的に全生類に対する「慈悲（ダヤー）」や「愛（プレーム）」の重要性を教えるものであると理解した。

もう一人ガンディーに「深い影響」を与えた同時代人が、トルストイであった。特に、プレトリア滞在中に読まれたトルストイの著書の一つである『神の国は汝らのただ中にあり』（一八九四年）という本は、ガンディーを感動で「圧倒した」という。この本は、第二章でも見た通り、ガンディーに不正に対する非暴力的不服従の方法・思想・意義を最初に教えた著作であった（ちなみに、トルストイの著述では、non-violenceという言葉は使われていない）。また、少し時代が下るが、「慈悲（compassion）」や「愛（love）」の理念が「全ての個人の中にある唯一の霊的源泉」であり、それが「バラモン教、ユダヤ教、マズダ教（ゾロアスター教）、仏教、道教、儒教、そしてギリシャやローマの聖人の文書、またキリスト教とイスラーム教において表明された」ことを論じたトルストイの「あるヒンドゥー教徒への書簡」という記事（『フリー・ヒンドゥスターン』紙一九〇八年一二月一四日号掲載）も読み、ガンディーは大きな影響を受けた。ガンディーは一九〇九年から一〇年にかけて、トルストイと四度の書簡のやり取りも行った

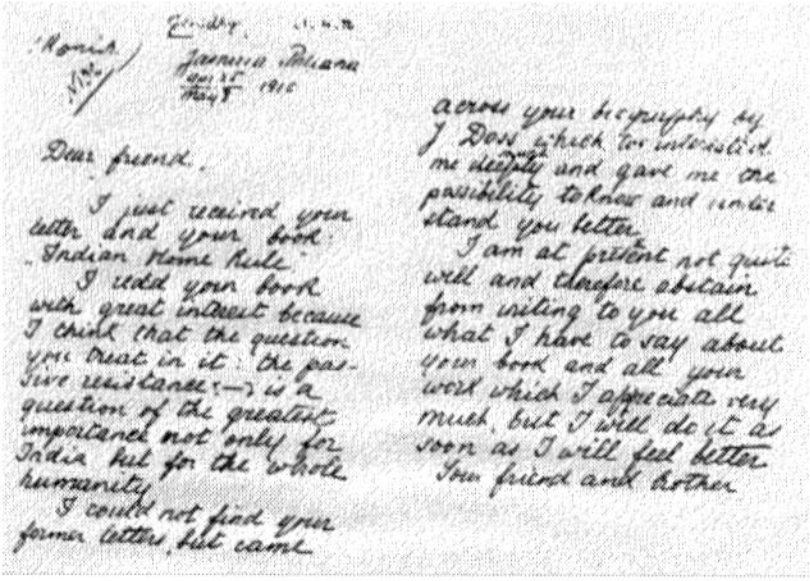
Dear friend,
I just received your letter and your book "Indian Home Rule".
I read your book with great interest because I think that the question you treat in it: the passive resistance is a question of the greatest importance not only for India but for the whole humanity.
I could not find your former letters, but came across your biography by J. Doss which too interested me deeply and gave me the possibility to know and understand you better.
I am at present not quite well and therefore abstain from writing to you all what I have to say about your book and all your work which I appreciate very much, but I will do it as soon as I will feel better.
Your friend and brother

写真5-5　トルストイが逝去する約2カ月前にガンディーへ宛てた最後の書簡（1910年9月7日付）。手紙の後半部には、「あなたのトランスヴァールのご活動は、世界の中心からは遠く離れているように見えるにもかかわらず、私たちにとって最も根本的で最も重要なものであり、世界が今こそ共有できるものであり、私たちが必ず参加することになる事柄の最も重大な実践的証拠を提供しているのです」と、この時点ではほぼ国際的に無名のガンディーの未来を予告するような言葉が見られる。

（写真5-5）。
以上のようにして、南アフリカ滞在中に、ガンディーは、全ての宗教の根源が、自己犠牲、慈悲、愛といった同一の倫理に根差していることを学んでいった。このような宗教文献から得られた普遍的な倫理に対する確信は、南アフリカでガンディーが様々な信仰者（ヒンドゥー教徒、ムスリム、キリスト教徒、ユダヤ人）と協力してサッティヤーグラハ運動（一九〇六～一四年）を展開させることに成功した経験からも、彼の中で揺るぎない信念として根付くようになった。

†『バガヴァッド・ギーター』と戦闘的非暴力

ガンディーは様々な宗教で説かれる自己犠牲、慈悲、愛といった教えから影響を受ける中で自らの思想を彫琢していった。このようにして作られていったガンディーの宗教思想は、南アフリカ滞在中のサッティャーグラハ運動でも多くの信仰者に訴えかけるものであった。

とはいえ、南アフリカ滞在中に培われていったガンディーの「非暴力」思想は、ラージチャンドラやトルストイの平和主義的発想には決して見られない特殊な性質も含蓄するようになった。それは前章で見たブラフマチャリヤの生命エネルギーの形而上学とも密接に関わる非暴力思想の戦闘的性質（「勇敢さ」や「男らしさ」の強調など）である（とはいえ、前章で見た通り、ガンディーは、五〇代半ば以降、「女性原理」も強調するようになった点は忘れてはならない）。

先ほどガンディーがロンドン留学時に、『ギーター』、「山上の垂訓」、仏陀の教えを「自己犠牲」を教える倫理と解釈したと述べた。実のところ、ガンディーの語る「自己犠牲」という概念は、一見当たり障りのない平和思想を説くトルストイやラージチャンドラの思想には見られない戦闘的意味合いを内包するものでもあった。前章で見たように、南アフリカ滞在中のガンディーは公に仕えるための自己犠牲の精神に基づき、二度の従軍を行った。さらに、従軍を終えてからは、ブラフマチャリヤの誓いを交わし、心身を強化する生命エネルギーの向上に努めた。ガンディーは学生時代から生粋の愛国主義者でもあり、渡英前に高校で行ったスピーチでは、「イギリスから帰ってきた後は、［皆で一緒に］インドにおける大いなる事業［改革］に身を捧げたいと願っています」（『カーティャーワール・タイムズ』紙一八八八年七月一二日号）と宣言していた。

ガンディーの「自己犠牲」の精神に重要な哲学的な基盤を提供したのが、ヒンドゥー教の聖典の一つである『バガヴァッド・ギーター』であった。前述した通り、ガンディーは『ギーター』をロンドン留学中に最初に読んだ。この時はイギリス人のエドウィン・アーノルドの英訳を中心にした学びに過ぎなかったが、南アフリカ滞在以降は、グジャラーティー語の訳書を使用しながら、『ギーター』の内容をサンスクリット語から熟読し、詩の暗記を日課としていった。南アフリカ滞在期以降に始まった熱心な『ギーター』の学びは、ガンディーのサッティヤーグラハ運動に独自の性質を付与することとなった。

『ギーター』は全一八章七〇〇行の韻文詩から構成される哲学的叙事詩である。その内容は、北インドの伝説的な古代王国であるクル国のパーンダヴァ（「クル族の王」パーンドゥの子ら」の意）族と、パーンダヴァ族と血縁関係にあるクル国のもう一つの部族であるカウラヴァ（「クル国の子孫たち」の意）族との間に繰り広げられる戦争（に至るまでの）物語を、様々なインド哲学の形而上学的概念（サーンキヤ哲学、ヨーガ、バクティなど）を交えて描きだしたものである。

物語の主人公は、アルジュナという名のパーンダヴァ族の王子である。アルジュナは、パーンダヴァ族とカウラヴァ族の開戦間近にして、身内同士で争わなければならない自らの運命に失望し、戦意を喪失した。そこで、ヴィシュヌ神の生まれ変わりであるクリシュナ神がアルジュナの前に戦車の御者に扮して現れ、アルジュナに対して、戦士階級（クシャトリヤ）の「宗教的義務（ダルマ）」を説いた。クリシュナ神はアルジュナに次のように諭した。戦闘民族に生まれた人間はいかなる理由であれ自らの階級の宗教的義務を果たさなければならない。それは絶対的な神・宇宙の命令である。そして、純粋な宗教的義務の遂行という動機から行われる行為は、行為者にいかなる負の業（カルマ）を生じさせることもなく、世俗的な善悪の倫理を超越する。人間は個人の願望や感情を超越して自らに与えられた宗教的義務を完遂することで解脱（モークシャ）に至る。このように戦士階級としての義務を忠実に果たすことの意義を説いたクリシュナ神に説得させられ、最終的にアルジュナは自らの迷いを振り払って、意を決し全身全霊で戦場に突入していく。

ガンディーはこの『ギーター』の物語の中でも戦意喪失状態に陥ったアルジュナの前に、クリシュナ神が現れて対話が始まっていく最初の部分（第二章）に、最も重要な道徳的教訓が示されていると考えた。クリシュナ神がアルジュナに語った言葉は次のようなものである。

> 聖バガヴァット（クリシュナ）は告げた。
> 危急に際し、この弱気はどこからあなたに近づいたのか。アルジュナよ、それは貴人の好まぬもので、天界に導かず、不名誉をもたらす。

アルジュナよ、女々しさに陥ってはならぬ。それはあなたにふさわしくない。卑小な心の弱さを捨てて立ち上がれ。［上村勝彦訳『バガヴァッド・ギーター』一九九二年］

『ギーター』に描かれたアルジュナに対するクリシュナ神の言葉は、ガンディーの同時代人の間では一般的に戦争や暴力を肯定する教えであると理解されていた。たとえば、B・G・ティラクやオーロビンド・ゴーシュなどのガンディーに先立つ反英闘争の指導者は、『ギーター』をイギリスに対する武力蜂起を促すための重要な指南書と見ていた。

ところが、ガンディーは『ギーター』を独自に研究していき、そこに描写されたパーンダヴァ族とカウラヴァ族との戦争の物語は史実ではなく、人間の身体の中に潜む様々な欲望との闘いを比喩的に表現した文学作品であると解釈した。これによってガンディーは多くの同時代人とは逆に、『ギーター』が人間の負の感情（臆病、喜怒哀楽、感官の欲望）を克服し、「男らしく」なることによって、究極的に暴力に依存しない精神的・道徳的な力の獲得の意義を説く非暴力の教訓物語であると見なしたのだった。

†非暴力思想の三つのレイヤー

ここで重要なのは、ガンディーが『ギーター』に独自の非暴力的解釈を施していった時、彼が自らの非暴力思想を、暴力行為を肯定する同時代人の解釈と二項対立的に捉えたわけではなかったことである。ガンディーは自らの非暴力思想を、次の三つのレイヤーから成る概念として理解した。

まずガンディーは「恐れ」や「臆病」といった「負の感情」（これには感官の統制の一環としてブラフマチャリヤが不可欠とされた）を完全に払拭し、死をも恐れない「勇敢さ」を純粋な動機とした非暴力行動を最も理想的なものとした。そのような「完全な非暴力行為」においては、必然的に相手の良心に訴えかける道徳的・精神的な力（「魂の力」）が発揮するとガンディーは信じた。それゆえ、完全な非暴力が展開する場にあって、武力や腕力などの物理的力を用いる必要は一切ない。

一方で、もし人々がこのような非暴力に対する絶対的な信仰を持っていないにもかかわらず、ただ自分が死ぬことを恐れて、臆病を動機とした無抵抗（ガンディー自身は無抵抗という言葉ではなく、「受動的抵抗」という言葉を一貫して使っていた）の状態でいるならば、このような上辺だけの非暴力は最悪の道徳的堕落であるとガンディーは見なした。ガンディーはアルジュナの戦意喪失状態をこのような偽善的な無抵抗（受動的抵抗）の状態と解釈した。

ここで重要なのが、ガンディーはこのような上辺だけの非暴力よりは、暴力に依拠してでも勇敢に立ち上がって抵抗した方がよっぽど「非暴力的」であると見なしたことであった。ガン

①完全な非暴力　＞　②非暴力的暴力　＞　③偽善的無抵抗

①と②は、③との比較で「非暴力的」と説明された。一方、①と②の二つが比較される際には、①が「非暴力」で、②が「暴力」と語られた。非暴力／暴力の語りの含意は文脈によって変化する。

図2　ガンディーの非暴力思想の三つのレイヤー

ディーはこのような、完全な非暴力には至らないが、無抵抗状態には勝る暴力的抵抗行為を、「非暴力的暴力（暴力の中にある非暴力）」と呼んだ。つまり、『ギーター』の学びによって彫琢されていったガンディーの非暴力思想は、①完全な非暴力、②非暴力的暴力、③偽善的無抵抗という三つのレイヤーによって構成されるものであった（図2）。

加えて、もう一つ重要なことは、ガンディーはこのような完全な非暴力を、『ギーター』で説かれる、「アナーサクティ・ヨーガ（結果を顧みない行為）」の概念とも結び付けた点である。ガンディーは、もし人間が完全な非暴力に努めているならば、必ず世界は良い方向に向かうはずであり、仮に世界が一時的にそのような良い状況に人間の目からは見えなかったとしても、それは神意に反することはないとした。ゆえに、行為の結果をあれこれ思い煩うことなく、一心不乱に自らの宗教的義務に従事すべきとした。換言すれば、完全な非暴力の行為者はいかなる結果（仮にそれが常人の目から明らかに暴力的状況に見えても）に対しても道徳的責任が問われないということになる。

以上のようなガンディーの非暴力思想の特殊性は、ラージチャンドラやトルストイには見られないものである。ガンディーの力強い非暴力思想の教えは、武力を有しない多くのインド人一般大衆にイギリス人に打ち勝つ希望を与え、彼らの心を奮い立たせた。一方で、文脈によっては一定の暴力さえも「非暴力的」と語るガンディーの非暴力思想は、一部の人々の間に混乱を呼び起こした。

以下では、このようなガンディーの三つのレイヤーを持つ非暴力思想が、現実のインド独立運動の場に適用された時に発生した正負の帰結を見ていく。

3 非暴力的宗教多元主義とインド独立運動

†近代西洋的な「宗教」概念からの脱却

本節では、イギリスの植民地支配下にあったインドで、ヒンドゥー教徒やムスリムを中心とした様々な信仰者が一致団結して展開した画期的な反英闘争である第一次独立運動を見ていく。第一次独立運動とは、具体的に、一九一九年にイギリスがインドで発布したローラット法（第一章参照）の廃止を求めたガンディー率いる大規模な集団的不服従運動と、一九二〇年から二二年にかけてインド国民会議（以下、会議派とする）と全インド・ムスリム連盟（以下、ムスリム連盟とする）、さらにキラーファト運動などの主要政治団体の合同で指揮された「非協力運動

(Non-Co-operation Movement)」という二つの大規模サッティャーグラハ運動を総称したものである（キラーファト運動とは、「カリフ制擁護運動」の意味で、第一次世界大戦でイギリスに敗退したオスマン帝国で、イスラーム教スンニ派の最高権力者であるカリフ＝スルターンの地位・制度がイギリスによって脅かされているとして、インドのムスリム大衆が立ち上がりカリフ制擁護を訴えた運動のこと）。

一九二〇年以降、ガンディーは、会議派、キラーファト運動、ムスリム連盟のそれぞれの運動・団体から指導者としての役割を一任され、全インド規模のサッティャーグラハ運動を率いていった。この時代は近代インド史の中で、ガンディーの影響力が最高潮に達した「ガンディー時代」の黎明期と見なされる。

第一次独立運動期に、ガンディーがインド政治に果たした具体的な貢献は次の二点にある。第一に、インドに様々に存在する諸宗教勢力（主にヒンドゥー教徒とムスリムの分断）を団結させたこと、第二に、それまでエリートに限定されていた反英闘争の舞台に一般大衆（大多数は農民）を動員したことである。

では、ガンディーはどのようにしてこれらの二つを成し遂げたのだろうか。ここではガンディーの政治行動を基礎付けていた思想面、つまり彼の非暴力的宗教多元主義の思想が果たした役割に光を当てたい。この点を理解するためには、まずガンディー以前のインド人の政治指導者が直面していた世俗主義（政教分離政策）に伴う難題を見る必要がある。それは次のようなものであった。

まずインド人政治指導者が反英闘争を推進していく上で最大の障壁となっていたのが、宗教対立の問題であった。一九世紀半ばからイギリスによるインドの直接統治が開始されて以降、イギリスは自国より遥かに人口の多いインドで、人々が団結して反英闘争を開始しないように、インド人の間に内部分裂を策略した（世紀転換期におけるイギリスの人口は約四〇〇〇万人で、インドは約二億九〇〇〇万人）。いわゆる「分割統治」と呼ばれる政策である。その最たるものが、ヒンドゥー教徒とムスリムの宗教人口比を理由に一九〇五年にイギリスが発布したベンガル分割令、ヒンドゥー教徒多数派の会議派に対抗するムスリム連盟（一九〇六年）設立の支援、さらに一九〇九年にイギリスが導入した宗教別分離選挙区制度（通称「モーリー＝ミント改革」）であった。

これに対して、インドの知識人層は、一九〇〇年代からイギリスの分割統治の手口を見破るようになり、インド人の間に宗教の区別にとらわれない世俗主義的（＝政教分離的）な国民《ネーション》意識の醸成に尽力した。たとえば、一九一〇年代のインドの政界で中心的な役割を果たしたムハンマド・アリー・ジンナー（後述）は、インドの再生が宗教対立とは無関係な「インド人」全体の世俗的利害にかかわるものであることを強調した。

ここで発生した問題が、反英闘争におけるエリートと農民との断絶であった。というのも、純粋に政治的利害を打ち出す世俗主義的な運動は、教育レベルの高いエリートに理解されても、インドで大多数の識字能力のない農民たちの日常からは疎遠な事柄に感じられた。インドの農民たちを政治運動に参加させるためには、彼らの宗教感情や想像力を掻き立てるようなシンボリックなアピールが不可欠であった。だが、宗教性に訴えれば訴えるほど、インド人はイギリスの分割統治の手口に乗って分裂することになる。一方、このまま世俗主義的政策を推進していく限り、大多数のインド人はますます政治から離れていってしまう。ガンディー以前のインド人政治家は、異なる階級と宗教の人々を団結させるための効果的な戦略やスローガンを見出せないでいた。

一九一五年に南アフリカからインドに帰国したガンディーは、会議派のメンバーたちと活動を共にする中で、イギリス法に関する高い実務的知識、人々を引き付けるカリスマ的気質、そして何よりも聖者さながらの雰囲気を醸し出す突出した道徳的人格が買われ、にわかに独立運動の指導者としての役割を一任されるようになっていった。そして、会議派や他の政治団体の政策決定でガンディーは圧倒的な発言権を獲得するようになった。そのような中で、ガンディーは反英独立運動の思想的支柱として、同時代の知識人たちが全く考え付かなかった新しい宗教観の導入をはかった。

ガンディーはそもそもイギリス人が分割統治によってインド人の間に対立を煽ろうとしている「宗教」意識は、実はインド的なものではなく「近代西洋的なもの」に過ぎないとした。イギリス人が語っている「宗教」は特定の集団・組織・教義に対する帰属意識（アイデンティティ）、つまり制度的な宗教を指した。それに対し、ガンディーはイギリス統治以前にインドに存在していた前近代的な「宗教」概念は、「ヒンドゥー教」、「イスラーム教」、「シク教」といった区画された制度的な宗教というより、むしろこのような分断を越えて自己と他者が共存していくための「寛容の精神」を第一義的に意味するとした。

このような理解は、ガンディーが南アフリカ滞在中、ラージチャンドラとの交流を契機に深めていった、中世インドの宗教詩人の「慈悲」や「愛」などの普遍倫理の学びに裏付けられていた。ガンディー曰く、前近代のインドにおいて、大多数の人々の宗教アイデンティティは曖昧で自明なものではなく、様々な宗教の慣習や信仰は、人々の日常生活で「寛容の精神」によって自然な形で習合し平和的に共存していた。ガンディーはインドで「宗教の意味は、ヒンドゥー教、イスラーム教、ゾロアスター教といった［制度的な］宗教のことではなく、全ての宗教の中にある宗教［＝全ての宗教を普遍的に基礎づける寛容の精神］のことなのである」（『インドの独立』）と語った。

宗教の意味を「全ての宗教の中にある宗教」と捉えることで、ガンディーは制度宗教的なアイデンティティを煽ることで分割統治を推進するイギリス人とも、制度宗教と政治との政教分離を推進する世俗主義的なインド人とも違って、宗教のそもそもの意味を脱西洋化することで「宗教的」精神の積極的推進による異なる信仰者の「統一性／融和」をはかった。第一次独立運動を推進する中、ガンディーは『青年インド』紙一九二〇年二月二五日号で次のように語った。

ヒンドゥー教徒とムスリムとの間の真の統一性／融和の美は、お互いに誠意をもって接しながら、それぞれが自らの宗教に真実であることによって可能となります。これまでしてきたように、ヒンドゥー教徒とムスリムはその最も厳格な宗派であっても、互いを生粋の敵同士としてではなく、血の繋がった友と見なすことができると私たちは考えています。
［傍点筆者］

ガンディーは全ての信仰者がそれぞれの宗教の真実を深掘りして追求していけば、必ず「統一性／融和」の地平、すなわち、「絶対的な真実」に行きつくと考えたのであった。

このようなガンディーの非暴力的宗教多元主義の政策は、第三章で見たような宗教的区別を超越した真っ白な腰布一枚の姿やチャルカーといったガンディーのパフォーマティブな政策と相まって、多くのインド人大衆の宗教感情にアピールした。さらに、宗教の意味を普遍的な寛容の論理（＝非暴力）に求めることで、ガンディーは宗教対立の問題に対する解決策も提供しようとした。

こうして展開していった全インド規模の反英独立運動において、ヒンドゥー教徒の一般大衆は路上で『ギーター』や『ラーマーヤナ』の物語を唱え、ムスリム大衆は『コーラン』を片手に熱心に集団的不服従運動に従事していった。宗教心が駆り立てられた北インドのシク教徒の農民の間では、「宗教的浄化」（汚職の撤廃）を求める「アカーリー（不滅）運動」が展開した。

イギリス政府はガンディーの台頭によって、全く予測せぬ仕方で約三億のインド人が一斉に「国民的覚醒」を遂げたことに驚愕し、緊急的な対応を迫られた。

†非暴力の特殊性に起因する宗教対立——モープラー暴動

これまでガンディーの非暴力的宗教多元主義の思想が、インド政治が陥っていた世俗主義の難題を乗り越え、宗教と階級の区別を越えた統一性の意識を醸成していった過程を見た。このような甚大な功績がある一方で、第一次独立運動中にガンディーは、後のインド政治に深い影を落とす負の遺産も生み出すこととなった。

後者の点を考える上で重要になってくるのが、先に見たガンディーの非暴力思想に含まれる特殊性である。ガンディーの非暴力思想は、前節で見たように、（1）完全な非暴力、（2）非暴力的暴力、（3）偽善的無抵抗という三つのレイヤーを内包するものであった。このような三つのレイヤーを含蓄した非暴力思想は、第一次非協力運動の開始とほぼ同時に発表された「剣の教義」と題する記事（『青年インド』紙一九二〇年八月一一日号掲載）で最も声高に打ち出された。

もし臆病か暴力のどちらかしか選択肢がないならば、私は疑いなく暴力を選ぶよう助言するでしょう。［……］私はインドが弱者であるから非暴力を実践せよと懇請しているのではありません。私は自身の強さと「魂の」力に自覚的になった上で非暴力を実践してもらいたいのです。

ガンディーの三つのレイヤーで構成される非暴力思想は、時にインド人大衆の間に誤解を引き起こした。ここで留意すべき点は、当時のインド人大衆の大多数が非識字者であり、ガンディーの思想は彼らに専ら口伝えで広まっていったことである。ガンディーの非暴力思想は伝言ゲームのようにインド各地に伝搬される過程で、身も蓋もない噂と共に様々な仕方で解釈されていった。それは時に勇敢さと無縁な単なる無抵抗の意味として解釈され、時に暴力を積極的に肯定するだけの革命思想として解釈されていった。以下では、非暴力思想をめぐる誤解によって発生したいくつかの悲劇的な宗教暴動について見ていきたい。

ガンディーのカリスマ的指導力によって隆盛した第一次独立運動は、しばしばその輝かしい成功物語だけが語り継がれる傾向があるが、現実には様々な紆余曲折を経るものであった。ガンディーの非暴力思想は歪んだ形で解釈されることで、第一次独立運動中に死者を伴う複数の暴動も発生させていた。

最も有名な暴動は一九二二年二月四日にインド北部のチャウリー・チャウラーという村で起きた農民暴動（「チャウリー・チャウラー事件」として知られる）である。それは非協力運動を呼びかけるデモ行進を行っていたチャウリー・チャウラーの農民が、イギリスが雇うインド人警官の妨害を受けたことに怒って、警官を殺害し、彼らが住む警察署を焼き払って、最終的に二三人の死者を出した事件である。驚くべきことに、歴史家のシャーヒド・アミーンは、デモ行進者が非暴力を含むガンディー主義の政策に同意する誓いを交わしており、逆説的にも「殺害の事件に光を当てることが、非暴力的とされた［国民会議中心の］政治体制［の真相］を露呈しうると指摘している（『事件、比喩、記憶』一九九五年）。ガンディーはチャウリー・チャウラー事件を契機に、インド人たちが非暴力の意味を適切に理解し、実践する準備が整っていないことが明らかになったとして、二月一二日に第一次独立運動を急遽停止した。

ここで重要なのは、チャウリー・チャウラー事件が、広大な亜大陸全土で展開していた反英独立運動の流れを害するレベルの事件ではなく、この時代の多くの政治家の認識からすれば、「僻地の［……］人里離れた場所の高揚した農民」の小さな暴動に過ぎなかったことである（J・ネルー『自伝』）。それゆえに、ガンディーの決断は、せっかく軌道に乗っていた三億人規模の反英闘争を止めたことに対する無念の思いを会議派党員に与えた。その一方で、このようなガンディーの決断は、彼が他の「世俗的な」政治家と異なる「宗教的人間」であり、どんな低い階級の人間の命も平等に尊重する「高い道徳性を備えた聖者」との印象も人々に植え付ける効果を持った。後の歴史家や伝記作家の間でも、このガンディーのチャウリー・チャウラー事件に対する決断は、彼が妥協することなく非暴力精神を貫徹した事例としてしばしば肯定的に描かれてきた。

しかしながら、こうしたガンディーの非暴力思想に対する肯定的評価は、チャウリー・チャウラー暴動に比して、ほとんど認知されていない南インドで起こったある宗教暴動に対するガンディーの対応や発言を見る時に根底から揺さぶられる。実のところ、第一次独立運動を終焉に導いたとして有名なチャウリー・チャウラー事件の半年前に、分離独立時を例外として、近代インド史上最大規模の宗教暴動がインド南部のマラバール海岸沿い（現ケーララ州とカルナータカ州の沿岸部）で起こっていた。それが「モープラー暴動」であった。

モープラー暴動の「モープラー」とはマラバール海岸沿いに住むムスリム農民の名称である。ガンディーがこのモープラーが引き起こした暴動を奇妙にも過小評価し、一九二〇年代後半に刊行した『自伝』でも一言も言及しなかったことで、モープラー暴動はチャウリー・チャウラー事件に比してほとんど知られていない（たとえば、一九八二年に上映された有名なアカデミー賞受賞作品の映画『ガンジー』でもチャウリー・チャウラー事件だけが描写され、モープラー暴動についての言及は皆無である）。

モープラー暴動の一部始終は次のようなものである。ガンディーが率いる非協力運動がインド全土で隆盛を極めていた一九二一年六月に、マラバール地方の信心深いモープラーたちは、イギリス支配からの解放を叫んで非協力運動に参加していた。同年八月にキラーファト運動の指導者の一人がイギリス政府によって逮捕されたことを受け、モープラーたちは指導者の釈放を求めて抗議デモを開始した。デモが長期化してモープラーたちの感情が高揚していくにつれて、次第にモープラーたちはそもそものデモの目的を忘れ、怒りの矛先を、それまで鬱憤が溜まっていた地元のヒンドゥー教徒の地主たちに向けるようになった（そもそも独立運動の対立構図を鳥瞰的に理解していなかったモープラーにとっては、イギリス人もヒンドゥー教地主も自分たちに対する同じ支配者に見えた）。次第に、反英闘争の一環として行われていたはずだったモープラーたちの運動は、ヒンドゥー教徒からムスリムたちの「千年王国」を奪還するための革命的な宗教闘争へと変容していった。これに伴い、モープラーたちによるヒンドゥー教徒に対する大量虐殺が始まった。イギリス政府の介入もあり運動は沈静化されたが、最終的に一万人から一万二〇〇〇人の死者（主にヒンドゥー教徒）を出すこととなった（R・ヒッチコック『マラバールにおける農民反乱』一九八三年）。

ここで重要なことは、このモープラー暴動の一部始終をガンディーが知っていたにもかかわらず、拡大する暴動を数カ月にわたって放置し、イギリスの介入に任せるままにしていたことである。それどころか、驚くべきことに、ガンディーはこの大規模殺戮が起こった宗教闘争を「勇敢な」行為として称賛したのであった。暴動が高揚していた最中にガンディーは『青年インド』紙一九二一年一二月一日号で次のように語った。

　モープラーたちの勇敢さは称賛されるべきです。［……］彼らは自らが「宗教的義務」と考えるところのもののために戦い、彼らが宗教的であると考える方法で戦ったのです。［……］もし私たちがそれらの勇敢な人々の根絶を許すならば、それは私たち自身への敵対を意味すると覚えておくべきであり、それはインド人の臆病な心の表れと見なされるでしょう。

ガンディーが二三人の死者を出したチャウリー・チャウラー事件と対照的に、一万人以上の死者を出したモープラー暴動を放置した主な理由は、前者の加害者がヒンドゥー教徒で被害者がイギリス（に雇われたインド人警官）であったのに対し、後者の加害者がムスリムで被害者がヒンドゥー教徒だったからと考えられる。ガンディーは自身がヒンドゥー教徒だったことから、ムスリムからの支持を取り付けるために、常にヒンドゥー教徒を優遇しないように配慮し、ムスリムに対する寛大な政策を採った。イギリスに対しても同様に、仮にイギリスによってインド人が殺されることがあっても、「敵を愛せよ」の精神に立つ非暴力政策を一貫する目的から、インド人によるイギリス人（また、イギリスが雇う傭兵・警官）の殺害は言語道断とされたのだった。このような理由もあって、ムスリムによるヒンドゥー教徒殺害が起こったモープラー暴動を、ガンディーは異なる信仰者に対する「寛容の精神」から、ほとんど無条件に許容したのだった。

†知られざる「ヒンドゥトヴァ」の系譜

従来の歴史家の間では、チャウリー・チャウラー事件に対するガンディーの「非暴力的」対応ばかりが語られ、モープラー暴動に対するガンディーの「非暴力的」対応はほとんど語られてこなかった。これにより、近代インドの宗教対立を煽ってきたヒンドゥー至上主義のイデオロギーである「ヒンドゥトヴァ」を掲げる民族奉仕団（Rashtriya Swayamsevak Sangh——通称RSS）の設立背景にガンディーの非暴力政策が密接に関連していたことが指摘されることは管見の限り皆無である（現在インドの与党であるヒンドゥー右派政党のインド人民党はRSSを支持母体とする）。

写真5-6　ナトゥラーム・ゴードセー

ガンディーは一九四八年一月三〇日に、かつて地下テロ組織として活動していたRSSの元メンバーに銃弾三発を受けて暗殺された。ガンディーを殺害したナトゥラーム・ゴードセー（写真5-6）はその殺害理由をガンディーの「ムスリムに対する頑強な宥和政策」に求めている（『恐れながら申し上げる』一九八九年）。

第一次独立運動が終了してから三年後の一九二五年に、ヒンドゥー教徒を武装化し、ムスリムからヒンドゥー教徒を護る目的で、RSSはK・B・ヘードゲーワールという人物によって設立された。このヘードゲーワールにRSSの設立を動機付けたのが、彼が深く尊敬し、密に交流していたV・D・サーヴァルカルというマハーラーシュトラ出身の活動家・知識人が一九二三年に刊行した『ヒンドゥトヴァの本質』（一九二八年に増補改訂版が出版された際には『ヒンドゥトヴァ——ヒンドゥー教徒とは誰か』［写真5-7］というタイトルに変更）という本であった。

この本はタイトルにある通り、ヒンドゥトゥヴァのイデオロギーを明確な宗教対立的概念として打ち出して、その概念を広く世に広めた著作であり、しばしばヒンドゥー・ナショナリズムの種本として知られる。実のところ、サーヴァルカルは、この本が書かれた同じ時期（獄中期間）に『モープラー、なぜ気にかけねばならないか』（写真5-8）と題する小説も執筆している。この本の前書きでサーヴァルカルは「ガンディー氏のような指導者たちがこの「ヒンドゥー教徒の」統一に永遠の脅威を与えた」と記した。サーヴァルカルはモープラー暴動を機に、インド人ムスリムが手に負えないほど狂暴化したと見なした。そして、ムスリムの脅威に対してガンディーが無力・無責任であるがゆえに、ヒンドゥー教徒は自らの身を武装化して守らなければならないと訴えたのであった。

このような一連の流れを見る時、ガンディー暗殺のそもそもの原因が、四半世紀前のガンディー自身の非暴力政策に求められることが分かる。つまり、モープラー暴動に対するガンディーの対応に反発して書かれたサーヴァルカルの著述から影響を受けたヘードゲー

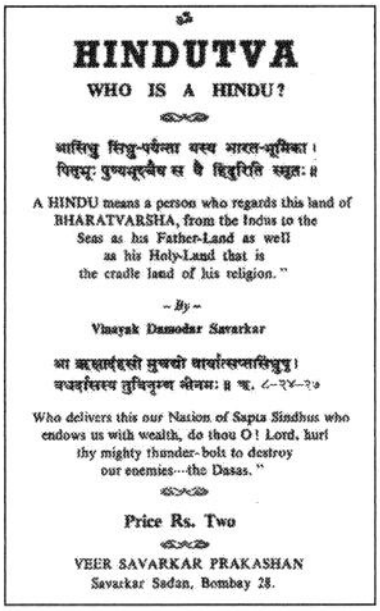

写真5-7　V. D. サーヴァルカル著『ヒンドゥトヴァ――ヒンドゥー教徒とは誰か』表紙

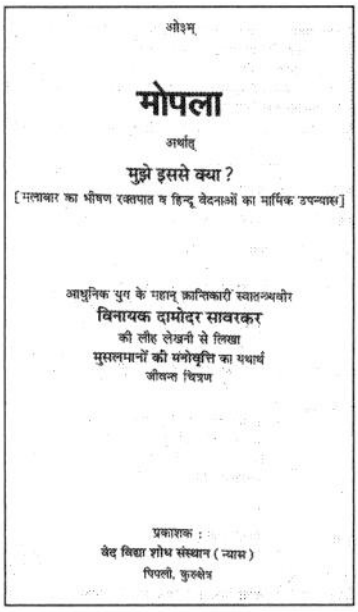

写真5-8　同著者『モープラー、なぜ気にかけねばならないか』表紙

ワールによって設立されたRSSの元メンバーが、一九四八年にガンディーを暗殺するに至ったのである。

それだけでなく、モープラー暴動に対するガンディーの「非暴力的」対応は第一次独立運動後の一九二〇年代の宗教対立の悪化に多大な影響を及ぼした点も見落としてはならない。というのも、ムスリムに対する敵対意識を抱いて設立されたRSSは、インドにおける多くのヒンドゥー教徒の若者世代の右傾化を助長し、このような右傾化を懸念して、今度はムスリムたちが自らの身を守らなければならないとして保守化が進んでいったからである。こうして、「お前が先にやった」の水掛け論がヒンドゥー教徒とムスリムとの間に始まり、両者の対立意識が強まった。実のところ、植民地期インドにおける宗教暴動の発生率は、モープラー暴動を期に一九二〇年代に急増した。

一九三〇年にガンディーが塩の行進を開始した時、ガンディーは老若男女を問わない大勢のインド人を動員して反英独立運動を再び盛り上げることに成功したが（第二章）、この時にガンディーが取り込むことに失敗したのがインドの多数のムスリム勢力であった。一九二〇年代後半の時点で、すでに両宗教者の分断は決定的なものとなっていた。第一次独立運動は、ヒンドゥー教徒とムスリムが協力して全国規模の反英闘争を行った近代インド史における最初で最後の瞬間であった。

†忘れられたジンナーの警鐘

ラビンドラナート・タゴールの言葉を借りれば、ガンディーがインドで「カルト」的とも言える熱狂的な支持を受けていた第一次独立運動期にあって（第三章参照）、ガンディーの非暴力思想に、断固として反対し続けた「孤高のスポークスマン」がいた。後のパキスタン建国の父ムハンマド・アリー・ジンナー（写真5-9）である。歴史家のA・ジャラールによれば、ジンナーは非協力運動が隆盛するきっかけとなった一九二〇年一二月にナーグプルで開催された会議派の重要な全国大会で、「ただ一人、自らの確信に勇気をもって、非協力運動に正面から反対した」（『孤高のスポークスマン』一九九四年）。運動が開始された後、一〇月三〇日付でジンナーは次のような書簡をガンディーに送っていた。

「この国の前に切り拓かれた新しい生命を共有しましょう」とあなたが私に親切な御提言をしてくれたことに感謝します。もしこの「新しい生命」という言葉で、あなたが自らの［非暴力の］方法と計画のことを意味しているのであれば、残念ながら、私はそれらを受け入れることができません。なぜなら、私はそれが必ず破滅に導くことを確信しているからです。［……］というのも、あなたの方法はすでにあなたがこれまで接近した全ての団体に亀裂と分断をもたらしているからです。それはこの国のヒンドゥー教徒とムスリムとの間の公共生活においてだけでなく、ヒンドゥー教徒とヒンドゥー教徒の間、ムスリムとムスリムとの間、さらには父と子の間にまで亀裂と分断をもたらします。［M・サイード『ムハンマド・アリー・ジンナー』一九四五年――傍点筆者］

写真5-9　ムハンマド・アリー・ジンナー

ジンナーの言葉はあたかも一九二〇年代以降に悪化していく宗教対立を予兆するようである。だが、ジンナーがガンディーの政策に警鐘を鳴らした時点で、彼の声に耳を傾ける者はいなかった。

恐らく、近代インド史の中で、ジンナーほど悪役として不遇な評価を受けてきた人物は他にいないだろう。しばしばジンナーはガンディーの宗教融和政策に抗って、インドとパキスタンの分離独立を招いた張本人として語られる。しかしながら、ジンナーはガンディーが登場する以前には、ヒンドゥー教徒とムスリムの融和政策を世俗主義的観点から積極的に推進していた。それだけでなく、ジャラールの研究が明らかにしたように、ジンナーは分離独立が起こるぎりぎりの時期まで、分離独立に一貫して反対し、ヒンドゥー教徒とムスリムが「平等の権利」を持つことで、それぞれの安全が守られるような宗教別の領土を画策した一種の連邦国家的構想を提案していたのであった。

†「ヘー、ラーマ」――究極の独我論？

ガンディーはインドとパキスタンが分離独立して半年後の一九四八年一月三〇日に暗殺された。ゴードセーが放った銃弾を受けて意識を失う直前に発したガンディーの生涯最期の言葉が「ヘー、ラーマ（おお、神よ）」であったことは有名である。本章の最後では、このガンディーの言葉に込められた宗教的含意を吟味したい。

ガンディーは生涯を通して一貫してヒンドゥー教徒とムスリムの融和を訴え、分離独立に反対してきた。しかしながら、一九四七年八月には、ガンディーのあらゆる努力（それは前章で見たマヌとの「大いなる供犠」も含む）は水の泡となり、彼が恐れていた最悪のシナリオが最悪の形で現実のものとなった。インド亜大陸は二世紀以上続いたイギリス支配（直接統治は一世紀）のくびきからようやく独立を勝ち取った時、ヒンドゥー教とイスラーム教という二つの宗教の違いを理由にインドとパキスタンに分裂することとなった。この分離独立の発生によって、インドでは各地で宗教間暴動や大量移住による混乱が発生し、約一〇〇〇万人が家を失い、数十万から数百万の人々が命を落とした。

晩年のガンディーの悲痛な心境は、生涯最後に迎えた誕生日である一九四七年一〇月二日に開催された祈りの集会の言葉に最も顕著に表されている。

疑いなく理想的なことは、もはや一二五歳まで生きることは望まずに今すぐ死んでしまうことです。これは「神的意思」への完全な没入を意味しなければなりません。〔……〕その方が、自分を厚かましくもムスリムあるいはヒンドゥー教徒であると言いながら人々が野蛮になって虐殺を行っているのを無力なままに見ているよりもずっとましです。『神の民』紙一九四七年一〇月一二日号〕

ガンディーの生涯最後の半年間において注目すべきことは、それまでの自信に満ちたガンディーの思想と異なり、ガンディーが「神の恩寵」を求める他力本願的なヒンドゥー教のバクティ（信愛）の思想に傾斜していったことである。ガンディーは自らの力の限界を痛切に悟った。このような時期に、ガンディーはしきりに「ラーマ・ナーマ（ラーマ神の御名）」のマントラ（呪文）を唱える重要性を語るようになった。ガンディーは信仰心を持ってラーマの御名を熱心に唱え、神の恩寵による救済を求めた。この時、ガンディーの心の中には、怖がりだった幼少期におけるランバーとの思い出が蘇った。

興味深いことに、ガンディーは暗殺される前年から、しばしば自分がもうじき死ぬことを知っていたかのような発言を繰り返していた。たとえば、一九四七年三月には、ガンディーは晩年に活動を共にしたマヌに、「もし私がラーマの御名を唱えながら最期の息を引き取ることができれば、それは私が目指してきたこと［＝解脱］の徴なのです」と語った（マヌ『日記』一九六六年）。この言葉の通り、ゴードセーの銃弾を受けた時、ガンディーは「ヘー、ラーマ」という言葉を発して逝去した。

この話を聞いて、死の瞬間に至るまで信仰心を持ち続けたガンディーの意志の強さに心打たれる者も多いだろう。あるいは、バクティに傾斜していった晩年のガンディーに対して人間味を感じる者も少なくないだろう。実際に、そのように解釈する歴史家や研究者は後を絶たない。だが、筆者はガンディーがマヌに語っていた晩年の言葉の背後には、彼の非暴力思想に隠された究極的な独我論とでも言えるもの（それは筆者にはほとんど「暴力的」に見える）が見受けられることを指摘しておきたい。というのも、ガンディーがマヌに語っていた言葉に関して看過できない点は、ガンディーがこの時期に宗教暴動の中心地であるベンガル地方やその周辺地域を巡回しており、ガンディーの目の前では、ヒンドゥー教徒とムスリムとの間のおぞましい大殺戮が展開していたという文脈である。ガンディーは異なる信仰者が憎悪に駆られて殺し合い、家を失って野放しにされた女性が強姦され、パニック状態になった子供たちが泣き叫び、

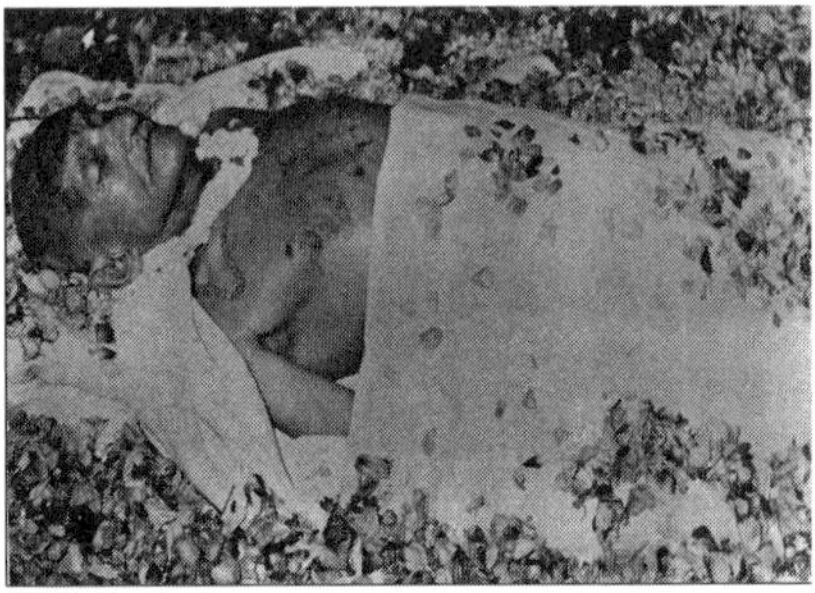

写真 5-10　暗殺後、葬儀の時のガンディー

血まみれになった老若男女の死体が延々と一面に連なっている光景を目にしていた。このような状況を前にして、ガンディーはまだ自分自身の解脱のことを考えていたのである。彼の晩年の発言の裏に垣間見られるのは、圧倒的な残虐性を前にして、神の摂理や生命の神秘といった形而上学を語る奇妙な「冷静さ」である。最も重要なことは、この時期にガンディーがラーマの御名を唱えて神の恩寵を求めた時、その救済の対象は、目の前で嘆き苦しんでいる一〇〇〇万人の同胞のインド人ではなかったことである。彼はあくまで自己の救いを求めた。

　晩年のガンディーの発言を丹念に見ていく限り、ガンディーは宗教暴動に対する個人の責任をほとんど感じていなかったように思われる。このことはガンディーが生涯信奉した『ギーター』のアナーサクティ・ヨーガの精神を反映していたと言えよう。つまり、ガンディーは自らが善意をもって全身全霊で完全な非暴力を実現するための「宗教的義務（ダルマ）」を果たしたと確信していた。それゆえ、行為の結果に対する道徳的責任は問われないと考えていた。歴史家のファイサル・デーヴジーが皮肉を込めて語ったように、ガンディーが宗教暴動の嵐吹き荒れる「インドを無秩序状態のままにして去った」時、彼の死に顔は穏やかであった（写真5−10）。

第六章

家族の真実

——偉大なる魂と病める魂

一八九一年七月、梅雨の空が晴れて眩しい陽の光がラージコートの一軒家に差し込んでいた。家の中庭には、ありふれた親子の戯れる姿があった。イギリス留学から帰ってきたばかりの二一歳のガンディーと三歳の息子のハリラールの姿だ。ガンディーは二年半ぶりに故郷で再会した我が子の成長に胸を躍らせ、ハリラールと思いきり遊んだ。この時点では、わずか二年先に単身で南アフリカへの「運命の移住」を控えているとは夢にも思わなかった。

子供と楽しそうに遊ぶ姿とは裏腹に、ガンディーの心は向かい風の就職活動で焦燥感にも覆われていた。せっかくロンドンの名門法曹院で弁護士の資格を取得したものの、その肩書はコネと理不尽な慣習で縛られた地元のラージコートの法曹界では全く役に立たなかった。一度だけチャンスを得たボンベイ（現ムンバイ）の高等裁判所での仕事も、緊張のあまり答弁の途中に法廷を逃げ出すという失態に終わってしまい、それ以来ガンディーのもとには仕事の依頼が来なくなった。ラージコートでもボンベイでも職探しはうまくいかず、最終的にガンディーは同じ弁護士を務める兄の事務所に逃げ込み、法律関連の書類をまとめる下働きをしていた。

南アフリカに渡るまでにインドで過ごしたこの二年間は、恐らくガンディーが生涯で唯一、仕事に挫折して時間をもて余していた時期だった。だが、ガンディーが不名誉な下働きをしていたこの時期は、息子のハリラールにとっては、生涯の中でガンディーが自分だけの「お父さん（バープ）」だった最初で最後の忘れられない思い出となった。

一八九三年四月、南アフリカに渡ってからは、にわかにガンディーの突出した潜在能力が覚醒していった。三年の単身赴任の期間を終えた後、ガンディーは南アフリカに家族を連れて戻ってくるために一時的にインドに帰国した。ハリラールにとっては待ちに待った父との再会だった。だが、そこで目にした人物は、もはやかつての「お父さん」ではなかった。その人物はどこか世俗を達観し、すでに聖者さながらの強烈なオーラを放っていた。父のもとにはひっきりなしに人がやってきた。どこか物寂しさを募らせたハリラールであったが、それでも多くの人々から信頼を集め、社会の不正と闘う父の姿は、彼の目には憧れの存在に映った。「自分も将来はお父さんのように弁護士になって、インドの人々のために人生を捧げたい」と、八歳の少年はひたむきに夢を抱くようになった。

それから半世紀の月日が経って、二人は真逆の人間になっていた。一九四八年一月三〇日にガンディーが暗殺され、国葬が行われた時、世界中のマスメディアが一斉にその死を取り上げ、「マハートマー（偉大なる魂を持つ者）」の死を悼んだ。ガンディーの葬儀が開催された首都デリーは、全国津々浦々から最後の別れを告げに訪れた数百万の人々で埋め尽くされていた。「国父の死」を嘆き悲しむ八㎞に及んだ葬列に唯一見られなかったのは、実の長男であるハリラールの姿だった。

葬儀の後、酒に酔っ払い、ぼさぼさの髪と髭を生やしズタボロの服を着た男が、ふらふらと人気の無くなったデリーをうろついていた。乞食と見分けがつかないこの男を、マハートマーの長男であるハリラールだと気づくことができた者はいなかっただろう。ハリラールは何をするわけでもなく、辺りを徘徊した後、当てもなくどこかへ去った。それから四カ月後、ハリラールはアルコール中毒にかかったままボンベイの病院で死去した。

近代インド最大の偉人の一人と数えられるガンディーの人生と反比例するかのように、ハリラールの人生はある段階から社会の最低辺まで下降していった。晩年の二人の間には、かつての父と子の談笑はなかった。緊張した親子関係に心を痛め、二人の存在を常になだめようとしたのがガンディーの妻カストゥールバーであった。ハリラールは父を憎んだが母を愛した。しばしば、人々が「ガンディー、万歳！」（「ジー」は尊称で、「様」や「さん」の意味）と叫ぶ中、ハリラールは一人、「カストゥールバー、万歳！」と叫んだ。いったい、裏も表もないとされるマハートマーの人生の裏で何が起こっていたのだろうか。

本章では、ガンディーの生涯に行われた様々な真実にしがみつこうとする実験の中で、ガンディーがたった一つだけ見えなかったもの、あるいは決して見ようとしなかった彼の家族にまつわる「真実」を、長男のハリラールの人生の軌跡に光を当てることで吟味していきたい。大英帝国の植民地支配に果敢に対抗して、「近代文明」に盲目になったヨーロッパ人たちに真実に回帰することを呼びかけたガンディーに対して、ハリラールは父の死角にあった最も身近な真実に目を向けるよう訴え続けた。四〇年にわたる父に対する長男の「サッティヤーグラハ」は、ガンディーの非暴力思想を特徴づけるいくつかの重大な要素を露呈するだろう。

1 「小ガンディー」の活躍

†父を支えた長男

イギリスの良き未来を望む者として、私たちは真実にしがみつきながら最後まで闘うのです。〔……〕私たちの闘争が宿す真実と誠意は、今日の集会の後、〔世に〕知られないでいることはないでしょう。そのようになるまで、私たちは全力で闘うのです。全ての文明世界は、私たちの闘争の正しさを受け入れます。［C・B・ダラール『病める魂を持つ者』一九七七年］

雄弁にこう語ったのは、一九〇八年一〇月、いよいよ隆盛しつつあったサッティヤーグラハ運動の最中、ガンディーが逮捕された後、ヨハネスブルグで開催されたインド人集会の演説の場に立った二〇歳のハリラールだった。

かつてハリラールは南アフリカのインド人移民の間で「小ガンディー《ナーナー・ガンディー》」の愛称で呼ばれ、父の将来の後継者として期待されていた。ハリラールの弟の一人デーヴァダースが語った言葉によると、若い頃のハリラールは知能明晰で、「中央で分けられたカールした髪が額にかかり」、兄弟の中でも特に「ハンサムだった」（『ヒンドゥスターン・タイムズ』紙一九四八年七月二三日号、写真6-1）。ハリラールは数千人のサッティヤーグラハ運動者の中で最も高頻度・長期間の入獄を経験し（南アフリカでガンディーが四回の入獄を経験したのに対し、ハリラールは六回入獄）、在留インド人の権利向上のために勇敢に闘う姿から、「入獄のサッティヤーグラハ活動家《サッティヤーグラヒー》」のあだ名を持ち、人々から厚い信頼を寄せられていた。

この頃のハリラールを見て、数十年後の彼の成れの果て（写真6-2）を想像できた者は一人もいなかっただろう。いったいなぜ、いつ頃からハリラールは変わってしまったのだろうか。

一八八八年六月（明確な日付は不明）、ハリラールは一八歳のガンディーと一九歳のカストゥールバーとの間に、グジャラート地方のラージコートで誕生した。この時期はちょうどガンディーがロンドンに留学するためにボンベイ港を出航する二カ月前に当たった。無事に留学を終えてガンディーが帰国してから、ハリラールは本章の冒頭で述べた約二年の期間をガンディーと共にラージコートで過ごし、その後一四歳までを、ガンディーがいたりいなかったりする家庭環境でインドと南アフリカで育った。この後、ハリラール以外の家族の人間（つまり、ハリラールの三人の弟とカストゥールバー）は、南アフリカに移住してガンディーと共に住んだが、ハリラールだけは一四歳から一八歳まで、教育上の理由で家族から離れて、ボンベイの全寮制の学校に通った。一九〇六年九月に、南アフリカでサッティヤーグラハ運動の開始が宣言されると、ガンディーのかねてからの要望もあり、ハリラールは学校を中退して南アフリカに渡り、一九一一年まで約四年半にわたってガンディーと活動を共にした。南アフリカ滞在中のハリラールは、熱心にガンディーの運動を傍で支えた。

写真 6-1　20 代のハリラール

写真 6-2　晩年のハリラール

　ハリラールが南アフリカにやってきてから最初の三年間はガンディーと良好な関係にあった。すでに述べた通り、ハリラールは「小ガンディー」の愛称で知られ、ガンディーが不在の時、ガンディーに代わって演説をしたり、ガンディーが独自に刊行する週刊紙の『インド人の意見』の刊行作業を任されたりするなど、ガンディーからも大きな信頼を得ていた。

　ところがハリラールとガンディーはある事柄をめぐって激し

く対立するようになった。互いの意見の違いを確信し、いよいよガンディーに対する不満が爆発したハリラールは、一九一一年に突如、家族に告げることなく南アフリカを去った。これ以降、インドでハリラールは父の名声に依存しない自立した生活を立ち上げることに失敗し、アルコールに溺れ、一九四八年に没するまで転落の人生を辿ることになった。

いったい、ハリラールとガンディーとの間に何があったのだろうか。

†教育をめぐる緊張

ガンディーとハリラールとの関係に不穏な緊張が走るようになったのは、ハリラールが南アフリカにやってきて三年が経過した一九〇九年頃からだった。これはちょうどサッティヤーグラハ運動の開始が宣言されてから三年目に当たり、この年の七月から一一月まで、ガンディーは仲間数人と共に、南アフリカの人種差別法の撤廃を求めて、渡英しイギリス政府に対する陳情活動を行っていた。

このロンドン滞在中、ガンディーは二〇年ぶりに、ある人物と再会した。同じグジャラート出身の医師であるプランジーヴァン・メヘター――かつて真っ白なフランネルスーツを着た「田舎者」のガンディーを、ロンドンで出迎えたあの人物（第三章冒頭）――である。メヘターは留学後のガンディーの著しい活躍ぶりに感心し、ぜひとも南アフリカのインド人移民のために何かしらの援助をしたいと申し出た。

具体的にメヘターはガンディーに次のような提案をした。メヘターが費用を全額負担することで、ガンディーの息子の中から一人、その他のフェニックスの住人から一人、合計二人をイギリスに留学させ、法廷弁護士資格を取らせるというものだった。この申し出に対して、ガンディーはメヘターに次のように返答した。まずガンディーは二人分の留学費用は不要であると告げた。そして、誰が留学に適しているかを「平等な観点」から熟慮した結果、甥のチャガンラールという人物に決めたことを伝えた。チャガンラールはガンディーの叔父の孫に当たり、一九〇三年から南アフリカにやって来て、ガンディーの活動を支えた人物の一人で、ハリラールより七歳上の青年だった。

一九〇九年一一月、ガンディーが南アフリカに帰国した時、ハリラールは獄中（一九一〇年四月に出獄）にいた。ハリラールがメヘターとガンディーのやり取りを具体的にいつ知ったのかは定かではないが、一九〇九年のある段階から、ガンディーとハリラールとの関係に亀裂が入るようになっていたと考えられる。チャガンラールは一九一〇年六月にインドからロンドンへ出航したが（出航前にガンディーの指導の下、八カ月にわたりインドを旅していた）、ハリラールはこの時までに幾度か父と教育をめぐって口論した。ハリラールは自分が弁護士を志望していることを伝え、なぜ自分を留学させてくれないのかと問うた。これに対して、ガンディーは自分の家族だからと言って優遇するわけにはいかないこと、何よりガンディーが「万人に対する平等な配慮」に基いて留学者を決定したことをハリラールに伝えた。さらに、ガンディーはそもそも「近代西洋文明」に汚された教育機関で学ぶよりも、サッティヤーグラハ活動家として入獄を経験する方がずっと良い学びになるとも告げた（N・パリーク『ハリラール』一九九八年）。

ハリラールは次第に父に対して疑念を持つようになった。「お父《バープ》さんは良い教育を受けたのに、なぜ私たち「子供たち」には良い教育を施そうとしないのだろう」（ダラール『病める魂を持つ者』）。そもそもハリラールは父の言葉に従ってボンベイの学校を中退して南アフリカに渡ってきた。そして、南アフリカにやって来てからは誰よりも熱心にサッティヤーグラハ運動を行って父の活動を支えた。ハリラールはきっと父が自分の教育と将来のことを考えてくれているものと信じていた。ところが、父が子供の教育に全く無関心であることや、父の認識において自分の家族と他人の家の垣根さえもはや存在しなくなっていることを知った。

一九一一年五月、ハリラールは誰にも相談せずに一人、南アフリカからインドに渡った。インド帰国の中心の目的は、弁護士になるための試験勉強をするためであった。また、一九一〇年九月頃、ハリラールの妻と二歳の長女がインドに帰国していたことも関係していたのだろう。「小ガンディー」の「家出」のニュースは、にわかに南アフリカの在留インド人たちの間で噂になった。人々はハリラールがいなくなったことを惜しみ、ガンディーのところにやってきて、

「あなたは彼［＝ハリラール］をイギリスに送って勉強させるべきでした。費用は［私たちが］出しましたのに」と述べた。

ハリラールが南アフリカを去った後、一九一二年七月に再びガンディーはメヘターの資金援助を得て、もう一人の若手活動家をロンドンの法曹院に派遣した。その時もガンディーは自分の息子ではなく、ゾロアスター教徒の青年を留学させた。理由は、ガンディーの万人に対する平等な観点から、ヒンドゥー教徒を優遇しないためであった。この事実をインドで知ったハリラールは再び「傷ついた」。

†重大な思想的変容期における別離

ガンディーにはハリラールの他に三人の息子がいた。ハリラールより四歳年下のマニラール、九歳年下のラームダース、一一歳年下のデーヴァダースである。これらの四人兄弟の中で、なぜ長男のハリラールだけがガンディーと仲違いしてしまったのだろうか。実のところ、これらの三人の弟たちも、ガンディーに対して複雑な思いを生涯抱いていた。特に学校教育を施してもらえなかったことに彼らは不満・不安を抱いていた。興味深いことに、ガンディーの息子たちは例外なく自分の子供たちに父の教育方針に反する高い英語教育を施した（ガンディーの孫・曽孫の多くは高学歴で、アメリカのアイビーリーグ校で教鞭を取る著名な学者も輩出されている）。

とはいえ、「家出」するまでにガンディーと対立するに至ったのは、ハリラールだけだった。

この理由を考察する上で重要なのは、四人兄弟の中でハリラールだけが、ガンディーの生涯における一つの重大な思想的変容期に、南アフリカの家族を離れてインドに滞在していたということである。先に述べたように、ハリラールは一四歳から一八歳（一九〇二年から〇六年）までボンベイの全寮制の学校に通っていた。ちょうどこの頃、ガンディーの思想に抜本的な変化が起こっていた。それらは（1）絶対的平等主義の精神と（2）身体宇宙論の形成である。

(1)絶対的平等主義——万人に対して平等である

前章で見た通り、ガンディーは一九〇三年頃からサンスクリット語原典を用いた『バガヴァッド・ギーター』に対する熱心な学びを開始した。ガンディーはこの時期に『ギーター』の文言を暗記することを日課とし、次第に『ギーター』を人生の様々な局面で「行動の一つの偉大な指南書」と見なすようになったと『自伝』で語る。

具体的に、ガンディーは『ギーター』の中で説かれている「無所有（アパリグラハ）」や「平等（サンバーヴァ）」といった概念から影響を受け、その思想を実践に移そうとした。ガンディーは『ギーター』を学ぶ中、次のように自問自答するようになったという。

平等［の精神］をいかに涵養すべきで、いかに守れるか。……無所有はいかに遵守できるだろうか。……妻子などは、所有でなければ何であろうか。本で埋まった本棚を燃やしてしまおうか。家を燃やして巡礼の旅に出ようか。

さらにこの頃、ガンディーは一九世紀末の急進的な文明批判論者であるマックス・ノルダウ、トマス・テイラー、エドワード・カーペンターなどの西洋知識人の著作を渉猟し、『ギーター』から学んだ古典的知識をヨーロッパの反啓蒙主義的な世紀末思想と統合していった。『ギーター』の学びを開始した翌年の一〇月に、ガンディーは身近な仲間に、イギリスの美術評論家・経済思想家であるジョン・ラスキンの『この最後の者にも』という本を読むことを勧められた。ガンディーは本を読み始めるとその「魔術的な」魅力の虜になり、徹夜で一気に読み上げた。ガンディーは、ラージチャンドラとトルストイに並び、このラスキンの著作が人生で最も大きな影響を与えたことを『自伝』で記している。ガンディーは、ラスキンの著作から「弁護士と理髪師の仕事の価値が全く同一」であり、「生活手段の権利は万人に同一」であることを学んだ。さらに、「簡素な労働の、［つまり］農民の生活こそが真の生活である」ことを知った。つまり、ガンディーはラスキンの本を読んだことがきっかけで、それまで誇りとしていた法廷弁護士の資格や近代西洋教育は取るに足らないものであることを悟ったのであった。

ラスキンの本を読んだ翌朝に、ガンディーはすぐさま本で学んだ理念に従って生活することに決めた。具体的には、それまでの西洋風にデコレートされたヨハネスブルグの邸宅（写真6-3）を売り払い、可能な限りスーツではなく、労働者が着るクルターやドーティーを身につけるようになった。そして、ナタールの郊外に、フェニックス・セツルメント（以下、フェニックスとする）と名付けたコミューン（自給自足の共同居住地――写真6-4）を設立して数十人

写真6-3　ガンディーが住んだヨハネスブルグの邸宅

写真6-4　フェニックスにて仲間と

の仲間たちと共に住むようになった（一九一〇年にはヨハネスブルグ郊外にトルストイ農場と名付けられたもう一つのコミューンを設立した）。その中にはヒンドゥー教徒、ムスリム、キリスト教徒、ユダヤ人、ゾロアスター教徒といった多様な宗教、多様な人種、多様なカーストのインド人やヨーロッパ人がいた。ここにおいて家族の内と外の境界線は完全に取り払われたのであった。

この劇的な生活の変化に、ガンディーの妻とハリラール以外の三人の息子たちは動揺を隠せなかった。家族にとっては、いきなり慣れ親しんだ家がなくなり、見ず知らずの人々と自給自足の共同生活をすることを余儀なくされたのであった。急速な思想変容がガンディーに起こったため、一〇代になっても三人の息子たちは学校教育を受けさせてもらえなかった。自分に対してだけでなく、子供の人生をも振り回すことに耐えかねた妻のカストゥールバーはある時、ガンディーに次のように問いただした。「あなたは何がしたいのですか。息子たちを無教養にしたいのですか。みんなに腰布一枚になってほしいのですか。彼らを乞食にさせようとしているのですか」（ダラール『病める魂を持つ者』）。それでも様々な不満を抱えながらも、経済力のない妻や子供たちは、ガンディーのやり方に従って生活する中で、どうにかして耐性を身につけていった。

この変化に輪をかけるように、ガンディーの身にさらなる思想・生活上の変化が起こった。

ブラフマチャリヤの誓いである。第四章で見たように、ガンディーは一九〇六年六月から七月にかけてバンバータ暴動の鎮圧活動に従軍したことをきっかけに、公益に対する「自己犠牲」の精神を強め、生涯にわたって妻との性生活を含む家族とのプライベートな楽しみを放棄することを誓った。

奇しくも、ガンディーがブラフマチャリヤの誓いを交わそうとしていた同じ頃、ハリラールはインドで情熱的な恋愛を経験し、結婚に至っていた。ハリラールの交際相手は、ラージコートでガンディー家と並ぶ商人カーストの名家であるヴォーラー家の次女のグラーブベーンであった。一九〇三年に二人は知り合ってすぐに恋に落ち、三年の交際を続けた。この期間に彼らの間に交わされた恋文の内容は、ロマンティックな詩的表現で満ちていた。青年時代に自由な恋愛を経験したハリラールは、幼児婚をした父が決して味わうことのなかった人生の喜びを経験したのだった。

ハリラールの結婚は、親族の同意の下に行われたが、唯一ガンディーだけが反対した。ちょうどブラフマチャリヤを交わす直前の時期にあったからだ。ガンディーは、息子に対して結婚などせず一刻も早く学校をやめて南アフリカに来るように書簡で書いた。父を尊敬していたハリラールであったが、この時ばかりは父の意向に従うことを拒みグラーブベーンと結婚式を挙げた。

ラージコートでハリラールの結婚式が行われたことを聞いたガンディーは、一九〇六年五月二七日付の兄に宛てた書簡で次のように書いた。「ハリラールが結婚したとしても、しなかったとしてもどうでも良いことです。なぜなら、今となっては、私は彼のことを一人の息子であると考えるのをやめたからです」(ガンディー『書簡集』一九四九年)。

この翌月にガンディーはブラフマチャリヤの誓いを交わした。父の反対を押し切って結婚したハリラールであったが、その罪滅ぼしの意味も含め、結婚した翌月には学校を中退し、単身でガンディーの活動を手伝いに南アフリカに渡った(ハリラールの妻も翌年に南アフリカに移住した)。

ガンディーの生涯における重要な思想的変容期を一緒に過ごして耐性を身につけていった自分以外の家族と異なり、ハリラールは青春時代を大都市のボンベイで自由に過ごした。南アフリカに到着してハリラールが目にしたのは、かつての英国スタイルのスーツを着た父ではなく、近代文明を放棄したヒンドゥー教の「苦行僧」だった。それでもハリラールは、一九〇九年の出来事を契機に、溜まりにたまっていた疑念が一気に爆発するまで、父のやり方に従順に従って熱心にサッティヤーグラハ運動に従事した。

†(2)身体宇宙論――他者は自己の幻影である

家族の目から見れば、ガンディーの急激な変化は、心底動揺を呼び起こすものであった。では、ガンディーの目からは家族、殊にハリラールの存在はどのように映っていたのだろうか。実のところ、ガンディーは南アフリカでブラフマチャリヤの誓いを交わした前後の時期から、他者の存在を(また自分の周囲を取り巻く現象世界も)本質的に自己の心・身体状況の幻影として認識するようになっていた。

第四章で論じたように、ガンディーのブラフマチャリヤの実験は、性欲の統御によって得られる「生命エネルギー」や「シャクティ」の形而上学に基礎付けられるものであった。ガンディーはブラフマチャリヤを行ってマイナスの力である性欲をプラスの力である生命エネルギーとして集積することで、物理的・精神的な力が発現し、非暴力的な社会変容が起こると信じていた。

このような思想は、一九〇三年以降に『ギーター』と共に精読するようになったヨーガ学派の古典である『パタンジャリのヨーガスートラ』の思想からも影響を受ける中で独自に発展していった。ガンディーは『ヨーガスートラ』を、「アドヴァイタ・ヴェーダーンタ」というインド哲学の流派に賛同するヴィヴェーカーナンダやマニラール・ドヴィヴェーディーの注解書を通して学んでいった（第四章参照）。ヴェーダーンタとは「ヴェーダ」の「最後（アーンタ）」のセクションに当たる「ウパニシャッド（奥義書）」の研究を専門とするインドの伝統的な哲学派である。アドヴァイタ・ヴェーダーンタとは、ウパニシャッドの教えの本質が、自己（アートマン）と宇宙（ブラフマン）が二つではない（＝アドヴァイタ——不二である）ことを悟りの本質として捉えるヴェーダーンタ学派の主要流派の一つである。ちなみに、インド哲学の古典的理解においては、ヨーガ学派とアドヴァイタ・ヴェーダーンタの形而上学は、前者がサーンキヤ哲学という二元論的宇宙論を土台とし、後者が一元論（＝不二）を前提としている限りで対立するとされるが、一九世紀のインド人思想家の間では自由な解釈が行われていた。

また、ヴィヴェーカーナンダの非暴力（アヒンサー）に関する次の注解書の説明もガンディーのブラフマチャリヤの思想に少なからぬ影響を与えた。

もしある人が他者に対する非暴力（non-injuring）の理想を得るならば、彼の前で獰猛な本性を持つ動物たちでさえ平穏になる。そのヨーガの実践者の前で虎と羊は一緒に戯れる。

ガンディーは『インド人の意見』紙一九一三年八月九日号に掲載した記事で、この言葉を反映する次のような内容を書いている。

インドのジャングルの中には、何千ものヨーガの実践者や苦行僧たちが住んでいます。彼らは虎、狼、蛇などの中で、恐れることなく散歩しており、また彼らが［動物たちを］傷つけているのを見たことがありません。［……］蛇などの出現、あるいは彼らの残酷な本性は、私たちの本性の反映ではないでしょうか。［……］被造世界の全ての現れは、私たちの身体と被造世界の中で起こっていることなのです。［……］ある人間の性質が変容すれば、その人間に対する被造世界［の現れ］も変容していくでしょう。

ガンディーは生涯を通して、自分の目の前に起こるあらゆる「暴力的」現象が、自己の心・身体の「清浄性」の度合いを反映したものであるとする理解（身体宇宙論）を抱くようになっていた。これゆえに、ガンディーはブラフマチャリヤによる「自己浄化」（＝性欲に代表される欲望・煩悩の克服）を行うことが、社会の動乱や不正、宗教対立といった様々な自己の外部の現象世界の「暴力」の鎮静化に必要不可欠であると考えた。

ここで重要なのは、このような外部の現象世界には、自己以外のあらゆる他者、つまり家族も含まれていたということである。つまり、ガンディーは、もし妻や子供たちが自分の言うことを聞かない時（＝思い通りにならない時）、その原因は根源的に自己の心・身体の「浄化」が不完全であるからだと解釈したのだった。

ガンディーは一九〇九年以降にハリラールの反発が強まっていくにつれて、その「合理的」原因（＝業《カルマ》の論理）を突き詰めた。ガンディーはハリラールが自分に反抗的になるのは、自分のブラフマチャリヤが不徹底であり、そもそも自分がブラフマチャリヤを知る前の性的に放縦だった時にハリラールが生まれたからだと語った。ガンディーはグラーブベーンの妹に送った一九二七年六月八日付の書簡で次のように書いている。

ハリラールの今日の状態は、［若い頃の］私の性的放縦が原因です。［ハリラールは私が思うに概して私が性的に放縦であった時に生まれました。……］私自身は、［自己浄化を適切に行えば、］ハリラールは自らの深い酔いから目覚め、自らを変革するだろうと信じています。

［『不滅の作品集』第三三巻］

また、ハリラールが南アフリカを去ってからしばらくした後、ガンディーは『インド人の意見』紙一九一三年四月二六日号に掲載した記事で、自分が幼くして父親になったことは人生における二つとない「過ち」であり、「無能な子孫」の出産は、人が性的放縦に陥ったことに対する「神の怒り」の兆候であり、「大いなる天罰」であるとまで書いた。

ハリラールが家出してから、晩年に至るまで、ガンディーは一貫してハリラールを「変革」するための「自己浄化」に努めた。

2　長男の低迷と父の自己浄化

†ハリラールの挫折と反抗

インドに帰国してから、ハリラールはガンディーの反対を押し切って、勉学に励み弁護士を目指した。だが、その道のりは彼が想定していたよりも遥かに険しいものだった。

帰国後、ハリラールは法曹院に入学する大前提として、英領インドの学校制度で定められている高校卒業資格試験（matriculation exam）に合格する必要があった。すでに述べた通り、ハリラールは学校を中退していた。そもそもハリラールの一四歳までの教育は、自宅で施された家庭学習だったため（南アフリカではインド人は通常学校に通えなかった）、ハリラールが一四歳でボンベイの学校に入学した時、彼は通常よりも二つ学年を下げていた。そのため、南アフリカに渡る一八歳の時点でも、二年の学びが残っていた。南アフリカを離れてインドに帰国した時、ハリラールはすでに二二歳になっており、高校卒業資格試験を受験するために、一六〜

一七歳の学生と同じクラスで勉強しなければならなかった。

さらに、ハリラールはインドでも著名人になりつつあったガンディーの息子であったことから、どこを行くにしても父との比較で自らを認知された。ハリラール自身は父の様々な負の側面を知っているが、家庭の外では父は無条件に敬われていた。一方でハリラールは自分が低学年のクラスで授業を受けていることからも強い劣等感を抱いていた。そのため、内面では父に反抗しつつも、周囲に自分の存在を認めてもらうために、対外的には「偉大な父」の息子であることをアピールするという分裂した言動を行って生きるようになった。

ハリラールは心を静めて勉強に集中できなかった。さらに、自分のもとに父から定期的に送られてくる書簡には、一貫して近代教育に対する批判やその無意味さが綴られていた。ハリラールは次第に不良仲間とつるむようになり、学校に通いながら、カードゲームや酒に溺れるようになっていった。そのため、ハリラールは一九一二、一三、一四年の資格試験を全て落とした。

ハリラールは弁護士の夢を諦めざるを得なくなった。だが今後どうやって生きていけばよいのか。もし生きるなら、自分を貶めた父の息子であることをアピールするしかなかった。彼は何度も自殺を考えたという。

さらなる災難が一九一八年に起こった。愛する妻のグラーブベーンが死去したのであった。

ハリラールにとって妻は自分のことをどんな時も肯定してくれた唯一の心の理解者だった。

翌年に失意から這い上がったハリラールはカルカッタ（コルカタ）で貿易商会を立ち上げた。一九二〇年にも石油産業関連の有限会社を設立していた。しかしながら、世間知らずのハリラールは金を騙し取られ、商会・会社は共に破産し、これ以後、生涯にわたって経済的困窮状態となり、借金を重ねる生活を送るようになっていった。

ハリラールはますます酒に溺れ、精神状態も不安定になっていった。一九三〇年代以降は、酒を飲んだ時に周囲に暴力を振るうようにもなっていった。二〇一四年に見つかった新たな史料によると、ハリラールは一九三〇年代のある時期、泥酔中に寡婦となっていた義理の姉（亡き妻の姉）のバリベーンをレイプしたとされる。ちなみに、インドで一時期、ハリラールが自らの娘の一人であるマヌをレイプしたという誤報が広まったが、これはグジャラーティー語の史料を誤って翻訳した際に発生した間違った情報である。ハリラールには妻のグラーブベーンとの間にマヌを含む五人の子供がおり、その内の二人は若くして病死してしまったが、残りの三人は健全に育った。加えて、第四章で述べた通り、ハリラールの娘のマヌとガンディーが晩年に同衾の実験を行ったマヌは別人物であったことも改めて強調しておきたい。

一九三六年五月には、インドの複数の新聞が、ハリラールが父に対する反抗の一環としてムスリムに改宗したことを報道し世間を賑わした。改宗の背後には、ヒンドゥー教徒であるガンディーに敵対的な一部のムスリムの集団がハリラールに金を渡して改宗を迫ったという経緯があった。ハリラールの弟のデーヴァダースは、ハリラールの改宗が一時的な金銭目的の「見せかけ」に過ぎないと語った(パリーク『ハリラール』)。早くもハリラールは同年の一一月に、ヒンドゥー教に再改宗した。

†息子を「変革」し「勝利」しようとする父

ガンディーはハリラールの一連の「堕落」を見て「悲しんだ」。だが、悲しんだのはハリラールに同情してではなく、自らの「自己浄化」が不完全であることに対してだった。ガンディーはブラフマチャリヤの浄化を徹底することで、ハリラールを「変革」しようとし続けた。

アルコール中毒で情緒不安定の状態にあったハリラールが、一九四八年に死去するまでに唯一平穏を取り戻した時期があった。それが、一九四五年三月から四カ月にわたって、ハリラールの息子の一人であるカーンティバーイーとその妻のサラスワティーベーンのもとに一時的に滞在していた時期だった。夫婦はハリラールに深く同情していた。彼らはハリラールが単に病気を患って不安定になっているだけで、本当は純粋で誠実な人間であると考えていた。一九七四年に、サラスワティーベーンはハリラールに関する備忘録で次のように記した。「世間はハリラール兄さんが、彼の偉大な父であるマハートマー・ガンディーの最も無能な息子であったと言うでしょう。でも、それは正しくありません。彼にはとても多くの良い部分があり、私は「一緒に生活して」彼が私の信愛なる父であると分かりました」（ダラール『病める魂を持つ者』）。

カーンティバーイーとサラスワティーベーン夫婦のもとで、ハリラールの状態が一時的に回復したことを知って、ガンディーは一九四五年四月一九日付の書簡で次のような賛辞を二人に送った。

神の祝福があなたがたの上にありますように。私が達成できなかったハリラールに対する勝利を、あなたがた二人は手にしたのです。〔『不滅の作品集』七九巻――傍点筆者〕

さらに、次のような書簡も続けて送っている。「もしあなたがたがハリラールに打ち勝つならば、それを私はあなたがたの偉大な勝利と見なすでしょう」（五月三日付）、「ハリラールをあなたがた二人が変革できるならば、私は極めて甚大な働きをしたと信じます」（五月三〇日付）（『不滅の作品集』八〇巻）。

驚くべきことに、ガンディーはハリラールの病状の回復を「変革」と語っていただけでなく、「敵」に対する「勝利」と認識していたのであった。

これらと酷似した発言を、ガンディーはもう一人の人物に対して行っていたことも、ここで指摘しておきたい。それはガンディーの宗教間融和の政策に現実主義的立場から反対し続けたパキスタン建国の父ムハンマド・アリー・ジンナーである（第五章参照）。ガンディーは、晩年にベンガル地方で融和活動を行っていた時期、側近の一人に対して、「もし、［私がブラフマチャリヤを］マスターできれば、［……］まだジンナーを倒せる」と語ったという（R・ガンディー『グッド・ボートマン』一九九五年）。ガンディーの認識において、ジンナーもハリラールの存在も、ブラフマチャリヤにおける「自己浄化」の実験で打ち負かすべき「敵＝穢れ」を意味するものでしかなかった。

カーンティバーイーとサラスワティーベーン夫婦のもとを去った後、ハリラールの精神状態は再び不安定となり、泥酔生活に戻っていった。その後、ガンディーは一九四七年一月二二日付で、融和活動を行うベンガル地方からハリラールに一通の手紙を送り、さらなる「自己変革」を奨励した。

ハリラールはこの手紙を受け取った翌年の六月に、アルコール中毒にかかったまま、ボンベイの病院で死去した。病院にはマヌを含む二人の娘と、マヌの夫のスレーンドラの三人がいた。ガンディーの国葬が行われてからわずか四カ月後のことだった。ハリラールとガンディーとの間の冷え切った親子関係は、二人が死去する瞬間まで変わらなかった。

様々な心の葛藤を乗り越えながらも優れたジャーナリストとなった弟のデーヴァダースは、

ハリラールの没後に発表した記事の中で、この惨めな兄のことを、マハートマーが生み出した「病める魂を持つ者《ドゥキーアートマー》」と称した（ダラール『病める魂を持つ者』）。

†発見されたガンディーの妻の日記

今から数年前、マディヤ・プラデーシュ州のインドールにあるカストゥールバー・アーシュラム（ガンディーの妻カストゥールバーを記念して設立された道場・資料館）でスタッフの一人が偶然、一冊の古びたノートを発見した。それは一九三三年一月から九月にわたって書かれた一三五頁のグジャラーティー語の日記だった。綿密に専門家が調べていくと、それはガンディーの妻カストゥールバーが書いた手書きの日記であったことが判明した。このことは、世界中のガンディー研究者を驚かせた。なぜなら、これまでカストゥールバーは識字能力を持たず、文字が書けない「声なき人（サバルタン）」と信じられてきたからであった。

どうやらカストゥールバーは二〇代の頃からグジャラーティー語とヒンディー語を少しずつ学び続け、晩年にはある程度、読み書きができるようになっていたようであった。まさに、一九四四年にカストゥールバーが没してから七〇年以上の時を経て、初めて声なき人とされていたガンディーの妻の「声」が聞かれる瞬間が訪れたのだった。

カストゥールバーの日記は、ガンディーの曽孫であり、歴史家でもあるトゥシャール・ガンディーが編集し、二〇二二年六月二日にハーパーコリンズ社から『私の母、カストゥールの失われた日記』と題する一冊の本として出版された。筆者はすぐに本を入手し、いったいカストゥールバーがガンディーに対してどのような想い=真実を綴っているのだろうと固唾を飲んで日記を読んだ。

しかしながら、読み終わり、筆者はいささか期待外れで呆気に取られてしまった。なぜならそこに書かれていたのは、毎日の代わり映えのない単調なルーティーン（朝起きてコーヒーを飲み、チャルカーを回し、訪問者と話し、眠るなど）に過ぎなかったからである。それもそのはず、いくらある程度の読み書きができるようになったとしても、自らの複雑な心情を正確に描写するまでの語学力を備えたということは普通に考えてありそうもない。何より残念だったことは、ガンディーに関する記述がほとんどなかったことだった。というのも、この日記が書かれた大半の時期に、ガンディーは獄中にいたからだった。

だが、一通り読み終わった後、不思議と次の日記（写真6-5）の言葉が頭に残った。それは塩の行進から三年後の一九三三年五月八日、ガンディーが不可触民制度の撤廃を願って行ったとされる生涯で最も長い二一日にわたる「自己浄化」の断食を開始してから一週間後に書かれた日記であった。断食を開始する直前に、ガンディーは獄中にいたが、体調の悪化を憂慮した当局が、断食の開始と共にガンディーを釈放した。この日記の言葉は、カストゥールバーが一七カ月ぶりに夫に会った時に書かれたものとなる。この時、たまたま行方不明になっていたハリラールもやって来てカストゥールバーに同行したという。ちなみに、以下に出てくる「バープ」とは「お父さん」を意味し、ガンディーのことを、親しい人々は皆、バープの愛称で呼んでいた。

毎日の礼拝をした。朝の六時半に私たちの列車が、ダーダルに来た。ジャムナーベーンが私を迎えに来た。信愛なるハリラールも駅にいた。私はマトゥンガーに行った。入浴し、コーヒーを飲んだ。ガンガーベーン・ジャーヴェリーが私と一緒にいた。私はプネーに行くために朝の八時の列車に乗って、ここに一一時半に来た。私を連れていくために、プレームリーラーベーンとマトゥラーダースが来た。ハリラールが私と一緒に来た。私はバープ・ジーに会って喜んだ。［私は］泣かなかった。今のバープ・ジーはとても弱っているように見えたが。［傍点筆者］

この日記には二つの気になる表現（傍点部）が見受けられる。第一に、カストゥールバーがハリラールの名前にだけ「信愛なる」の言葉を付けていることである。第二に、カストゥールバーが一七カ月ぶりにガンディーに会った際、「喜んだ」ことを記した後、どういう訳か「［私は」泣かなかった」と書いていることである。そして、「今のバープ・ジーはとても弱っているように見えたが」という最後の言葉もどこか意味深である。筆者はこれらのカストゥールバーの表現の裏には、彼女の言葉にしがたい複雑な感情が込められているのではないかと想像した。

歴史上の「偉人」と共に歩んだカストゥールバーの人生は波乱に満ちていた。彼女は、ガンディーの無邪気な少年時代から、英国紳士さながらの弁護士時代を経て、腰布一枚の苦行僧へと変貌していった一部始終をそばで見てきた世界でただ一人の人間だった。

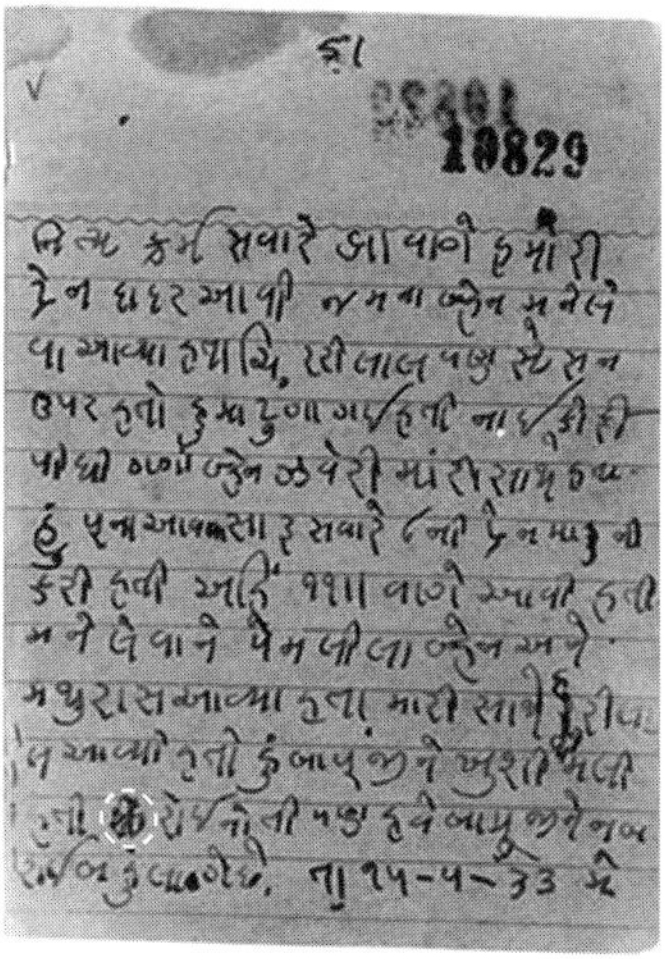

写真6-5　1933年5月15日付のカストゥールバーの日記。
下から2行目には、「泣かなかった」というグジャラーティー語の単語の最初の文字（筆者が丸く囲った部分）がいったん削除されて書き直された痕跡が見える。

二人の夫婦関係は決して良好なものではなかった。ガンディーはロンドンに留学していた時期も、南アフリカの単身赴任中も、大量に書いた書簡の中で妻に触れたことが一度もなかった。南アフリカで一緒に住むようになってからは、特に子供の教育をめぐって、しばしば夫婦喧嘩が発生した。ガンディーは「ソウル・メイト」のカレンバッハ（第四章参照）に宛てた手紙の中で、自分の思い通りにならない妻に、しばしば「うんざりしている」「死んでほしいと願っている」「彼女を殺そうとした」などと強い不満を漏らしていた（『カレンバッハ・ペーパーズ』）。現存する数少ない妻に対する記述からうかがう限り、ガンディーが妻に対して愛情深い存在だったとは到底思えない。

だが夫はインドの数億の人々にとって「マハートマー」であり、偉大な「国民の父」に他ならなかった。彼が一歩外に出れば、群衆が集まってきて、彼の足元にひれ伏し、神のように崇める。

カストゥールバーのガンディーに対する思いは両義的だった。ガンディーの存在は一方では家族を振り回す高圧的な夫であり、もう一方では一国（あるいは世界）を動かす偉大な政治家であり宗教家であった。彼女は夫に対する自分の感情をとてもうまく言語化できなかったに違いない。

彼女が日記の中で「喜んだ」と書いた直後に、夫の弱った姿を見て、「泣かなかった」とわざわざ書いていることは、彼女の夫に対する喜びの感情だけではとても割り切れない無意識の分裂した心境を示していたのではないだろうか。実のところ、写真にあるように、手書きの日記では、何らかの心の迷いを宿らせていたせいか、「泣かなかった（રોઈ નોતી）」という言葉の最初の文字（રી-）が、一度削除されて書き直された痕跡が見られる。また、「今のバープ・ジーはとても弱っているように見えたが」という最後の言葉も、素直な同情心では表しきれない夫に対するどこか冷めた俯瞰的視座を内包している。

一方、泣くに至らなかった存在であったにもかかわらず、尊称の「ジー」という言葉がしっかりと付けられている。複雑な思いを抱きながらも、彼女にとって夫はやはり歴とした「偉大な」存在でもあったのだろう。

このように一見一貫していないように見える正負の表現は、カストゥールバーの夫に対する様々に折り重なる感情のありのままの表出だったのではないだろうか。

そして、長男のハリラールにだけ「信愛なる（ચિ[રંજીવ]）」という言葉が付けられていることも看過できない。いくら父と国民からも見放されたとしても、カストゥールバーにとってハリラールの存在は、かけがえのない「親愛なる」息子に他ならなかったのだろう。そもそも、なぜハリラールが「乞食」のような惨めな姿になってしまったのか。その理由を彼女は世界の誰よりも良く知っていた。

ガンディーの妻の目から見た、夫の「真実」とはいかなるものだったのだろうか。少なくともそれは私たちが歴史の教科書を通して知るものとは大きく違っていたはずである。

終章

真実と非暴力

†「自己」の発見

駅員：「こっちに来い。お前は一番後ろの貨車に行かなければならない。」
ガンディー：「私は一等の乗車券を持っています。」
駅員：「そんなものどうでもいい。もう一度お前に言うが、お前は貨車に行かなければならない。」
ガンディー：「言っているでしょう。私はこの車両にダーバンから乗って来ていますし、私はこの車両に乗って行くつもりです。」
駅員：「だめだ。お前は降りなければならない。さもなければ、警官が降ろす。」
ガンディー：「警官が降ろそうとも、私は自分からは降りません。」

警官がやって来ました。彼は私の手を摑んで、突き飛ばすようにして降ろしました。私の荷物もろとも降ろしました。私は他の車両に行くのを拒んだので、汽車は出発しました。私は駅の待合室に座りました。［……］

その時の季節は冬でした。南アフリカの冬は標高が高い地域ではとても厳しいものでした。マリッツバーグ駅は高地にあったので、非常に強い寒さでした。〔……〕私は震えていました。待合室に明かりはありませんでした。真夜中頃に、一人の乗客が入って来ました。彼は何かを話したそうにしていましたが、私は話をする気分ではありませんでした。

私は自分の義務（ダルマ）を考えました。

ガンディーの『自伝』に記された生涯最初の人種差別体験の一場面である。第一章を始め、本書で度々言及してきた。法廷弁護士の資格を持ってイギリス紳士さながらのスーツで身を飾り、ダーバンから一等車に乗って、悠々とプレトリアに向かう途上の列車の中で、肌の色の違いを理由に、ガンディーは貨車へ移動を命じられた。移動を拒んだガンディーは途中の駅で警官に取り押さえられ荷物もろとも強制的に外に放り出された。自分の身に起こったあまりに衝撃的な出来事に言葉を失ったガンディーは、寒い山間部にある深夜のマリッツバーグ駅の待合室でうずくまって、震えながら自分の将来について考え込んだ。

ガンディーはこの駅で明かした夜を一生忘れなかった。第一章で見た通り、四〇年後に彼はジョン・R・モット博士とのインタビューで「人生における最も創造的な経験」としてこの時の記憶を振り返った。一八九三年の時点では、「非暴力」という言葉も「サッティヤーグラハ」という言葉も作られていなかったが、ガンディーは人種差別と闘っていく決断を下したこの夜が、彼の「能動的非暴力」、つまり「真実にしがみつくこと」を意味するサッティヤーグラハの始まりを象徴する瞬間であったと述べた。ヨーロッパ人の真似事ばかりをしていた凡庸なアジア人が、私たちの知るあのガンディーに変貌していく人生の転換点だった。

ガンディーが駅の待合室において、心中で自問自答した内容を以下に再び引用したい。

私は自分の義務を考えました。「私は自分の権利のために闘うべきか、あるいは［インドへ］帰るべきか。［……］私の身に降りかかった苦しみ、それは［……］深く根を下ろした一つの巨大な病の徴候に違いない。この巨大な病、それは人種差別である。その重い病を取り除く力があるならば、その力を使わなければならない。そのようにしながら、自らの上に苦しみが降りかかってくるならば、それら全てを耐え忍ぶべきだ。そして、人種差別を撤廃するために可能な限り抗うべきだ。」

ここで、ガンディーが人種差別と闘う決意に至る過程で注目すべき点は二つある。一つが、ガンディーはこの時、イギリスの名門法曹院が提供する弁護士資格を持ち、自らが望めばいつでも危険な南アフリカを去って他の場所で仕事を見つけることができたということである。そして、当然ながら、それをすることが一番ガンディーにとっては楽な道だった。ところが、ガンディーはその決断を除外した。第二に、ガンディーの下した決断は自発的に「苦しみ」を被るものだったということである。通常、人間は自分の幸福や利益を求めて人生設計を行う。だが、ガンディーは徹夜で熟考した挙句、誰に強制されたわけでもなく、あえて自分から苦しみを引き受ける道を選んだのであった。

これらの二つから言えることは、ガンディーが下した決断は、純粋な自己決定に他ならなかったということである。この自己決定は、個人の願望や生まれながらに備わる生存欲求を動機とした行動とは真逆のものだった。つまり、ガンディーを突き動かした「自己」は、通常感じられている表層的な自己意識の奥にある感覚・感情であったと言える。ガンディーはこれによってはっきりと自分が今後何をすべきかという「義務（ダルマ）」を理解した。この自らの心の深い場所から湧き起こる感覚・感情を動機とした義務の発見こそが、ガンディーの人生に一大転換をもたらしたのであった。マリッツバーグ駅の夜、人種差別に闘う決意を自ら下した瞬間に、ガンディーは自分自身になった。

†自分自身になることで「普遍的存在」に至った人物

後にガンディーが記した『自伝』の冒頭で、ガンディーは自身の人生の最終目的を、「絶対的真実の片鱗をうかがうこと」にあると説明していた。まさに、公私を問わない彼の生活領域全体で行われたサッティヤーグラハは、彼にとってこの目的を達成するための絶え間ない努力に他ならなかった。そして、さらなる説明部分で、ガンディーは「絶対的真実の片鱗をうかがうこと」が、「真の自己との出会い（アートマ・ダルシャン）」を意味するとも書いている。

私がやるべきこと、私が三〇年間、切望してきたこと、それは真の自己との出会い（アートマ・ダルシャン）です。［……］私の活動の全てはその観点から行われています。私の執筆活動の全ては、その観点に基づいており、私が政治の領域へと飛び込んだことも、まさにこの観点に依拠するものなのです。

ガンディーがここで使用している「真の自己」という言葉は原語で「アートマン」であり、この語は序章でも触れた通り、「魂」という意味も持つ。ここでアートマ・ダルシャンを「真の自己との出会い」といささか堅い言葉で訳しているが、一般読者を想定して『自伝』を書いたガンディー自身の意図を汲み取ってより砕いた表現に直すならば、「本当の自分との出会い」と訳しても良いだろう。ガンディーにとって、「真実にしがみつくこと」を意味するサッティヤーグラハとは、個人的願望や生存欲求に振り回されない「本当の自分」に出会っていく過程に他ならなかった。

人種差別を受ける前、流行のファッションを身にまとい、一等車のチケットを手にして旅をしていたガンディーは、イギリス人になりきろうとしていた。この時のガンディーは、同世代のインド人エリートと同様に社会的昇進と経済的繁栄こそ人生の第一の目的であると考え、まさに「我を失っていた」。だが、赤裸々な差別を経験し、自分を着飾っていたあらゆる特権を引き剝がされた時、彼は初めて「我に返った」。そして、暗く寒い駅の待合室で夜を明かし、自分自身が今後の人生で何をすべきかという「義務」を見出した時、彼は「真の自己」、つまり「本当の自分」に出会ったのであった。

ここで重要なのは、ガンディーは人種差別を受けて我に返った時、第一章でも見たように初めて他者の痛みや苦しみに目を向けることができるようになったことである。南アフリカでは自身と同じ多くの在留インド人が過酷な労働環境の中で辛い日々を送っていた。さらに、最も悲惨だったのがカカオ・プランテーションで働く原住アフリカ人たちの窮状であった。第二章で見たように、ガンディーは人間の舌に甘いチョコレートの原料となる農園の現状に多大な衝撃を受け、「私はチョコレートの中に死を見る」とまで語った。

なぜ、このような人種差別が社会で容認されているのか。なぜ、このような赤裸々な不平等が人々の間で当たり前の日常として見過ごされているのか。ガンディーは自らの義務を思い巡らし、真の自己を見据える過程で、本当に大切な主題が何であるかに気付いた。それは社会に

「巨大な病」として蔓延している「暴力」の真の原因の追求とその解決であった。それは決して表面上の政治的・経済的問題だけを見ていては根絶できるものではないとガンディーは考えた。暴力とは、本質的に他者を自ら（＝表層的自己）の欲望を満たす手段にすることの全てを意味したからである。

本書で見てきた通り、ガンディーはサッティヤーグラハ（＝真実にしがみつこうとすること）を行う中で、次第に西洋風のスーツを脱ぎ捨て、貧しいインド人労働者が着るクルターとドーティーを身につけるようになった。そして、最終的にそれらさえも脱ぎ捨て、チャルカー（糸紡車）を回して、全てのインド人にとって平等な意味を持つ真っ白なカーディーを身にまとうようになった（第三章）。食生活はヴィシュヌ派の有力カーストで一般的なラクト・ヴェジタリアンから、ロンドンの知識人が実践していた果実食やジャイナ教徒のラージチャンドラに影響を受け、食べることの意味を徹底的に掘り下げる中で、最終的にスパイスを使わず、ミルクや調味料も極力避けるという斬新な食事スタイルを開発していった（第二章）。性的欲望の統制については、ブラフマチャリヤというヒンドゥー教で広く知られた通念で説明されていたものの、その中身は伝統と近代を問わない様々な思想を無差別に吸収する中で作り出された特殊な形而上学を含蓄するものであった（第四章、第六章）。南アフリカで多様な信仰者と交流し、トルストイとの個人的な交流も持つことで、ガンディーは他者の痛み・苦しみに対する共感の精神である「慈悲」こそ、あらゆる宗教に通じる普遍的倫理であることを確信し、独自の宗教多元主義の理念を彫琢していった（第五章）。これらの全てが、一貫して自分自身に真実（truthful）であろうとする中で生まれていったガンディーの唯一無二の発明品であった。

「本当の自分とは誰か」という問いは、古今東西、人類を普遍的に捉えてきたテーマである。だが、そもそもこの問いは奇妙でもある。「本当の自分とは誰か」という問いは、あたかも自分の中に、「本当の自分」と「自分以外の誰か」がありうることを前提としているようである。いったい、自分が何かの行動をしている時、そもそもそれが自分以外の行動であることなどありえるだろうか。ありえない。それは歴とした自分自身の行動である。しかしながら、私たちは確かに日常的に「自分を偽る」という感覚を持ったり、ある決断をめぐって複数の自己決定の可能性に葛藤を覚える。そして、偽りの自分ではなく、「本当の自分」のままで生きることが、真に幸福な人生を送る上で欠かせないことを直感的に理解している。ガンディーもまた人生の最終目的が、「本当の自分との出会い」にあり、それこそが「絶対的真実」の到達（＝解脱）を意味すると語ったのだった。

だが、このようなガンディーの言葉を考えるに当たって決して看過できないことがある。巷で言われている「本当の自分」を求める行為は、社会における価値の多様化を助長する風潮と合致する。価値の多様化が進展していくことは、一人一人がありのままに生きられるようになることであり、それ自体は素晴らしいことである。だが一方で、個々人が「本当の自分」を求めれば求めるだけ、社会は結束力を失い、バラバラに解体する方向に向かう。また、「本当の自分」を求めることによって、しばしば他者を傷つけてしまい、最悪の場合それは社会の暴力的対立を生み出してしまう。「個人の幸福の追求」と「公共の福祉」との間にある不可避な緊張をどう解決するかという問いは、現代社会における究極の難題である。

この点で、ガンディーが果たした「本当の自分との出会い」は極めて興味深い帰結をもたらした。というのも、ガンディーが「本当の自分」を追求する中で起こったことは、他者との分離どころか、むしろ他者を引き寄せる吸引力の増大だったからであった。ガンディーが「本当の自分」を追求すればするほど、ますます周囲の人々がガンディーのもとに集まってきたのだった。彼の行った「本当の自分」の追求は、逆説的にも自発的に苦難を被るという意味での非暴力の実践と表裏一体だったからである。

マリッツバーグ駅の待合室で、徹夜で考え込んだガンディーは、この時に自分自身の将来の方向性を定めた。彼は勇気を振り絞って、偽りの自分を脱ぎ捨て、自己の深い部分が語りかけてくる感覚・感情に従って生きていく決断を下した。この瞬間から、ガンディーの周りには一人、二人と少しずつ共感する人間が集まってきた。最初、彼の主張は単なる理想主義として人々に鼻で笑われた。しかしながら、彼の言葉に共感する人の数は次第に数十人から数百人に増えていった。そして南アフリカでサッティヤーグラハが隆盛した時には彼の運動に参加・支援する人々は数千人から数万人規模へと拡大していった。インドに帰国した後、彼が「本当の自分との出会い」を求めて、不必要と感じられたものを徹底的にそぎ落として腰布一枚の姿になった時、彼の後ろには数億人のインド人が連なっていた。本書でも度々言及した「近代インド史上最もドラマティックな瞬間」として知られる一九三〇年の塩の行進は、まさにガンディーと数多のインドの人々の魂が一つになった瞬間であった。物理的暴力の使用を拒否したこれらの老若男女を問わないインド人たちは、ガンディーと同様に自らの真実にしがみつこうとする揺るぎない意志の力、魂の力をもって当時世界最強の大英帝国と戦った。

この時の様子は序章でも見たように、ウェッブ・ミラーによって世界に報道された。そして、ガンディーの非暴力の思想と実践は、瞬く間にインド国外でも大きな反響と共感を呼び起こしていった（写真7-1）。彼のアーシュラム（道場）には各国から人々が訪れた。さらに、ガンディーの没後には、彼の非暴力思想に共感した人種・国籍・宗教を問わない世界中の人々がそれぞれの地域や社会で不正と闘う運動を展開していった。枚挙に暇がないが、合衆国や南米では公民権運動、南アフリカでは反アパルトヘイト運動、東南アジア・東欧・中東の諸国では民主化運動、さらにより近年では環境運動、反核運動、労働者運動、スローフード運動などの様々な草の根のグローバルな社会運動が展開している。これらの多くの「非暴力」運動が、それぞれの仕方で「本当の自分」を求めようとする運動であったとも言えるだろう。

まさにガンディーは自分自身になることで、ノーベル文学賞受賞者のロマン・ロランの言葉を借りれば、「普遍的存在（the universal being）」に至った。この「自己＝魂（アートマン）」の発見こそが、世界中に影響を与えることになったガンディーのサッティヤーグラハとしての非暴力の思想を理解する鍵だったのである。

写真7-1　ガンディーについて報じる欧米メディア（1930年頃）

†二つの大敵――恐れと文明

本書で一貫して論じてきたように、ガンディーのサッティヤーグラハとしての非暴力の思想・実践は、政治的領域を越えて、公私にまたがるものであった。換言すれば、ガンディーの政治運動は、「何を食べるのか」や「何を着るのか」といった日常の関心、さらに「真の健康とは何か」や「何を信じるべきか」といった自らの身体や心の問題を追求することと不可分なものであった。こうした「日常の真実」にしがみつこうとする実践もまた、ガンディーの「本当の自分との出会い」という目的に至る過程で不可避なことであったと言える。

ガンディーは「本当の自分」を見出していく過程で最大の障害となるものが二つ存在していると考えていた。それらは本書の特に第三章や第五章でも論じた「恐れ」と「文明」である。ガンディーはインドの人々が植民地支配から抜け出せないのは、単にイギリス側がインドに対する軍事的・経済的覇権を握っていたからではなく、インド人の側が心に「恐れ」や「西洋文明」への憧れを抱いているからであると指摘した。恐れを振り払い、文明の妄信を振り払って、「本当の自分」を見出すこと、つまりインド人が自分たちの伝統や文明に誇りを持ち、各々の義務（ダルマ）を見出した時、インドの独立は必ず達成されるであろうというのが、ガンディーの揺るぎない信念であった。そして、このような意志の力、魂の力に突き動かされた運動は最終的にインドという国や文化の境を越えて普遍的に人々の魂（良心）に訴えかけるであろうとガンディーは信じた。

本書で繰り返し見てきたように、ガンディーは人々に非暴力を実践する上で最も重要なことは腕力の使用の有無より先に、恐れの感情を振り払うことであると主張していた。恐れの感情を背後に隠し持った無抵抗（＝受動的抵抗）を、ガンディーは非暴力の名に値しないどころか、むしろ暴力よりも卑しい行為であると非難した（第五章）。彼は一九一五年にインドに帰国してから自国の民（その大半が農民）が長きにわたる植民地統治下にあってすっかりヨーロッパ人に対する劣等感に覆われてしまっていることに強い危機感を覚えた。ガンディーは自信を失った人々に「あなたたちは強い。あなたたちは必ず社会を変えられる」と言い続けた。

ガンディーが高級スーツを脱ぎ捨て、貧しい労働者の格好をするようになったのも、安価な糸紡車一台あれば誰でも自らの手で作ることができるカーディーを身にまとうようになったのも、インドの大多数の農民に対する配慮に他ならなかった。ガンディーは反英闘争の舞台に、富めるものも貧しいものも、どんなカーストに属するものも、男でも女でも、等しく参加できるように工夫し続けた。ガンディーは自らを可能な限り低めることで、人々を勇気づけようとした。非暴力は恐れや弱気からではなく、生まれや生い立ちに左右されない万人の心の奥に宿る自己＝魂の力に自覚的になって初めて行うことが可能とされたからであった。

「本当の自分」を見出していく上で妨げとなるもう一つの障害が「文明」であった。より厳密には「近代西洋文明」である。ガンディーが語る近代西洋文明とは、ヨーロッパの産業革命以降の機械生産や輸送技術の刷新によって浸透した人々の生活様式や物質主義的な価値観のことである。ガンディーがこれらを危険なものと見なしたのは、近代文明が著しく技術を刷新させ、生産性・効率性を向上させ、絶え間ない進歩を謳っているにもかかわらず、あることが決定的に欠如していたからであった。それは「何のため」の進歩かという最も原初的な問いであった。産業革命以降、人々は目的のない進歩を突き進むようになり、物質的繁栄こそが真の幸せであると刷り込まれるようになった。目的を喪失した人々は、ガンディーから言わせれば自らの義務と生きる意味を喪失していった。

では、近代西洋文明が奪ったとする人間の本来の目的、人間の生きる意味とは何なのか。それはガンディーに言わせれば、はっきりしていた。それは「おのれを知っていくこと」であった(『インドの独立』)。「文明」とは本来、人々が自分自身をよりよく知ることで、迷妄を打ち破り、自らが歩むべき道を見出すことを手助けするはずのものであった。人間は自分自身を知ることで、初めて他者に対する義務を理解することができる。物質主義的価値観に根差した「繁栄」は必ずいつか行き詰まる。重要なのは、表層的自己意識よりも深いところにある真の自己=魂への気づきであり、この気づきこそが、長期的な社会と文化の「深化」をもたらす。

ガンディーは興味深いことに、インド人だけでなく、イギリス人も同様に近代西洋文明の犠牲者であると指摘した。

同世代の政治家の間で、いかに近代西洋文明を模倣してイギリスと闘っていくべきかが熱心に問われていた時期に、ガンディーは一人、機械的なものに対する「自然なもの」の重要性を説いた。産業革命以降の機械生産と輸送技術の刷新によって、人々は自分たちにとって最も身近なもの、すなわち自分が日々食べているものや着ているものの由来が分からなくなった。自らの身体を形作る食物や自らの身にまとう衣服の由来が分からなくなることで、次第に人々は自然から切り離され、自分が誰/何なのかが分からなくなってしまった。このような文明生活を続けていく中で、人々は知らぬ内に本当の美味しさや本当の美しさが分からなくなっていった。遥か海の向こうから輸送されてきたものではなく、地元で作られた食材を食べ、自国産の材料を使って自らの手で衣服を作る必要を説いたのも、全て「おのれを知っていくこと」というたった一つの目的に向けられたことなのであった。インドの真の独立は、衣食住を含む「日常の真実」を取り戻すことなしには決して実現しえないことをガンディーは一貫して訴えた。

実のところ、第一章でも見たように、ガンディーの五四年にわたる政治人生の中で、目立った集団的不服従運動が展開していたのは四年にも満たず、残りの五〇年以上を含めた時期に行われていたのは、目立たない地道な日々の生活における小さな変革であった。ガンディーにとって真に重要だったのは後者であり、この目立たない「日常のサッティヤーグラハ」の積み重ねこそが、大規模に展開した彼の集団的不服従運動の土台となっていたのだった。

†矛盾

本書を終えるに当たって、特に第五章や第六章でも指摘したガンディーの非暴力の思想・実践に潜伏する、ある重大な盲点＝暴力性とでも言えるものを改めて明確に示しておきたい。

ここまでで述べたようにガンディーは、「本当の自分との出会い」を果たしていく中で、ますます周囲への影響力を増し、「普遍的存在」に至っていった。これは一見、「個人の幸福の追求」と「公共の福祉」の対立という現代社会が抱える根源的な課題に応えるもののように見える。しかしながら、ここで看過されてはいけないことは、このようなガンディーの「本当の自分との出会い」に至る過程で起こった社会統合において、自己と他者との団結は水平的で双方向的関係の中で起こったのではなく、あくまで後者が前者へ従属する形で一方向的に起こっていったということである。

ガンディーが本当の自分を求めて一心不乱に前進していく中で、確かに数億のインド人がその後に連なっていったかもしれない。だが、忘れてはならないのは、あくまで人々（＝他者）は、ガンディー（＝自己）の後ろに連なっていったということである。換言すれば、ガンディーの後に連なる人々が増えるつれ、ガンディーの前には他者の姿は消えていったのだった。ガンディーが「真の自己」(それを彼は「神」とも呼んだ)を見つめるようになるにつれて、次第に自己の後ろにいる他者の声は、ガンディーには遠いものとなっていった。これは言い方を変えれば、ガンディーは「マハートマー(偉大なる魂を持つ者)」となっていく過程で、多かれ少なかれ自己中心的存在になっていったということである。そして、確かにこのような負の側面がガンディーの生涯に見受けられたことは、本書の第五章と第六章で示した通りである。

ガンディーが「マハートマー」となっていく過程で、ガンディーの目前から姿を消していった「他者」の第一の犠牲者は家族であった(第六章)。ガンディーは自らの地位が向上し、人々からの尊敬を集める中で、自分自身の行う禁欲実践に確固たる自信を持つようになっていった。自分の行っていることは絶対に正しいという確信は、家族にとっては個人の価値観の押し付けに感じられた。時に妻が抗議をしても、その声はガンディーの自己=魂に届かなかった。ガンディーにとって最も身近な存在の一人であるはずの長男ハリラールの命がけの「サッティヤーグラハ」の訴えも同様であった。ガンディーのやり方に抵抗するハリラールの姿は、ガンディーにとってあくまで「自己浄化」の実験の対象としてしか認識されていなかった。

次にガンディーの前から存在を消されていったのは、同世代の政治家たちであった。たとえば、ガンディーが一九二〇年にインド独立運動の最高指導者としての地位を築いた時、インドの人々はガンディーの言葉をあたかも神のお告げのように受け取り、彼の非暴力政策を拍手喝采で歓迎した。第五章で見たように、この「カルト」的とも言える熱狂のただ中にあって、インド国民会議の全国大会で唯一正面から異議を申し立てたのが、ムハンマド・アリー・ジンナーであった。この時のジンナーの主張は、ガンディーが非協力運動以降に残した歴史的禍根を鑑みても正鵠を得たものであった。しかしながら、ジンナーの声はガンディーの自己＝魂に届くことはなかった。「統一インド」の理想を掲げた非暴力的政策に反対し続けた現実主義者のジンナーの存在は、ガンディーにとって、ハリラールと同じく、ブラフマチャリヤの実験で打倒・浄化されるべき「敵＝穢れ」の一人／一つでしかなかった。

さらに、反英独立運動が展開していく中で、ガンディーは自らの非暴力政策に、国内の宗教間対立の悪化の一因があった可能性（当然、これは複雑な要因が絡んでいるので、ガンディー個人に全ての原因を帰すことは不可能である）を決して認めようとしなかった。ガンディーのモープラー暴動に始まるムスリムに対する融和政策に怒りを露わにしたヒンドゥー保守層の非難の声（その妥当性はともかく）も、ガンディーの自己＝魂に届くことはなかった。この二〇年後に鬱憤を募らせたヒンドゥー教徒の男が放った弾丸三発を胸に受けてガンディーは地に伏した。

ガンディーが国内の宗教暴動の悪化を見る中、自己＝魂の力（シャクティ）を最大化するために、一九歳のマヌと「大いなる供犠（マハーヤッギャ）」を行った時、ガンディーは少なからずマヌを自己の実験の「道具」として扱っていたと言えるだろう（第四章）。ガンディーはマヌに対して、自らが感じたことをつぶさに報告するように伝えていたが、絶対的な権威を持つガンディーの発言が、無意識の内に彼女に抑圧的な機能を果たしうることを理解しなかった。

分離独立の直前に宗教対立が激化していた時期に、ガンディーは暴動の中心地に護衛をつけずに赴き、命がけで宗教融和を訴えた（第五章）。対立する信仰者たちに平和と和解を呼びかけて行脚するガンディーの姿はしばしば彼の生涯の中で最も感動的なシーンとして語り継がれる。だが、第五章の終盤で論じた通り、この時のガンディーの言葉を入念に見ていくと、彼の行動を動機付けていた思想には根源的な自己中心性がうかがわれた。ガンディーは一〇〇〇万人の自国の民（＝他者）が苦しみ、泣き叫び、パニックになる姿を目前にしながらも、一心不乱に自分自身の解脱を求め続けた。彼の認識においては、自己が宇宙であり、自己が全てであり、その身体宇宙論において、自己から独立して実在している他者の居場所はなかった。

このように、ガンディーが「本当の自分との出会い」を果たしていく中で、「普遍的存在」に至ったという時に、注意しなければならないことは、その至り方であり、その過程の中で他者の痛み・苦しみ・不満の叫びはガンディーの自己から少なからず遠ざけられてしまったことである。ガンディーの影響力の拡大は、自己と他者との水平的な相互交流によって起こっていったのではなく、あくまでガンディーという巨大な魂の後ろに追随する他者という形で、一方向的に起こっていったのであった。このような傾向は特に後年のガンディーの思想・実践に顕著に見出される。ここにガンディーの「本当の自分」を求めるサッティヤーグラハにおける看過できない「暴力的な」自己中心性が見出されるのである。

†批判的継承の重要性

これまでの本書の議論全体を鑑みた上で、二一世紀の現代において重要なことは、ガンディーの非暴力思想の盲目的受容ではなく、その批判的継承にあると言えるだろう。実のところ、マルティン・ルター・キング・ジュニア、ネルソン・マンデラ、アウンサンスーチーに代表される二〇世紀後半以降のガンディーの思想の重要な継承者たちの多くは、ガンディーの思想に対する良き批判者でもあった。ガンディーの思想の批判的継承は、ガンディーの思想に対する入念な研究や考察によって初めて可能となる。

興味深いことに、ガンディー自身の思想を批判的に捉える必要性は、ガンディー自身が語っていたことでもあった。ガンディーは生前に自らの思想をドグマ化することの危険性に警鐘を鳴らして、弟子たちに対して次のように語っていた。

「ガンディー主義」といったようなものは存在せず、私の後にいかなる宗派もあって欲し

> いとは思いません。私は何か新しい原理や教義を作り出したとは主張したくありません。私は単に自分のやり方によって、不変の真実を日常の生活や問題に適用しただけです。〔……〕私の意見は決して最終的なものではありません。よりよいものがあると分かれば私は明日にでもそれを変更するでしょう。［M・スレード『霊の巡礼』一九六〇年］

ガンディーの思想はそれ自体、異なる時代や社会状況に応じた絶えざる修正・変容の必要を求める自己批判の精神を内包するものなのであった。

とはいえ、自らの誤謬がありうる可能性を語っていたガンディーであったが、すでに見たように、彼自身が自らの思想のどこにどのような誤謬があったのかを理解していたわけではなかった。ガンディーの思想の限界を詳細に炙り出していく作業は、ガンディー没後の時代に生きる私たちに残された重要な課題である。

本書で明らかにしてきたように、ガンディーの思想的限界を考える上で特に重大な論点となりうるのは、ガンディーのブラフマチャリヤの思想・実践だろう。第四章や第六章で詳しく見たように、ガンディーのブラフマチャリヤの思想はそもそも、ガンディーの幼い頃の個人的なトラウマ体験に由来していたのであり、ゆえにその思想を現在において一般化することは到底できない。かつてE・H・エリクソンは、ガンディーの思想が未来に継承される上で、ブラフマチャリヤ思想が障害となりうる点について次のように警鐘を鳴らしていた。「将来を見越して重要なことは、サッティヤーグラハと呼ばれるものは、自らの性的な武装解除によってのみ克服されうると信じる禁欲的な男女に限定されるべきではないことを明白な形で確かにすることである」（『ガンディーの真理』一九六九年）。

第四章で見た通り、ガンディーのブラフマチャリヤ思想は、確かに集団的不服従運動やインド独立運動が発展していく上で、ガンディー個人の中では重大な役割を果たしていたようである。また、ガンディーが常に人間身体の欲望について警戒心を持ち、それを真摯に捉えていた視座そのものからは、今に生きる私たちも学べることが少なからずあるだろう。先に述べたように、近代西洋文明（現代風に表現すれば近代資本主義イデオロギーとも言えようか）は、現代において確実に行き詰まりを見せているからである。とはいえ、第四章や第六章で見たようなガンディーの生命エネルギーや身体宇宙論といった特殊な形而上学を、二一世紀に生きる私たちがそのまま継承することは不可能である。

この点で、政治哲学者のビク・パーレークは重要な指摘をしている。パーレークはガンディー思想の最も良き継承者であり批判者でもあった人物としてマルティン・ルター・キング・ジュニアを挙げている（『ガンディー』一九九七年）。キングは、ガンディーの非暴力の「方法」をうまく受容しながらも、それを自らの生きるアメリカ社会の文化的価値観と統合させた類稀な人物であった。キングは、ガンディーが重視するヒンドゥー教の禁欲主義に敬意を払いながらも、それを公民権運動に取り入れることはしなかった。キングは自文化で培った宗教精神を根底に据えながら、「ガンディー流の非暴力の方法を取り入れた」（C・カーソン編『マルティン・ルター・キングの自伝』一九九八年）。ここで忘れてはならない重要なことは、このようなキングの批判的継承は、彼の長年にわたるガンディーの様々な著述の渉猟と入念な反省的考察によって可能となっていたということである。

枚挙に暇がないが、ガンディーの非暴力思想を綿密に研究し、その意義を、ネーションを越えたグローバルな思想・運動として発展させようとした／している以下の人々は重要である。

まず、ガンディーの『インドの独立』に記された近代西洋文明批判と知足の精神に影響を受け、「小さきものこそ美しい」ことを訴え地産地消の経済思想を提唱したE・F・シューマッハーを挙げられる（『スモール・イズ・ビューティフル』一九七三年――写真7-2）。シューマッハーの思想は、現在の持続可能な経済政策、環境運動、スローフード運動の先駆けとなり、世界中の活動家・研究者に多大な影響力を持ち続けている。

インドの哲学者・活動家であるヴァンダナ・シヴァ（写真7-3）は、ガンディーの男性的ナショナリズム思想の限界を鋭敏に見破りながら、ガンディーの日常のサッティヤーグラハや「自治（スワラージ）」の思想が現代の女性主体の環境運動や自然農業のグローバルな展開に持

右／写真7-2　E. F. シューマッハー著『スモール・イズ・ビューティフル』（1975年版）表紙
左／写真7-3　ヴァンダナ・シヴァ（右）

ちうる可能性を引き出そうとしている（『スティング・アライヴ』、『ワンネス対一％』等）。

ノルウェーの哲学者のアルネ・ネスは、ガンディーの非暴力思想と洋の東西を越えた世界哲学（world philosophy）との折衷をはかり、地球規模の環境問題や核問題を考えるためのディープ・エコロジーという独自の理論・思想を彫琢した（『ガンディーと原子力時代』、『エコロジー、コミュニティ、ライフスタイル』等）。

「平和学の父」として知られるノルウェーのヨハン・ガルトゥングや著名な政治理論家のジーン・シャープは、しばしば超俗的な人物として知られるガンディーの苦行者性を打破し、ガンディーがいかに巧みな実用主義者・戦略家であったのかに着目し、その非暴力戦術のトランス・ナショナルな応用の可能性を分析した（ガルトゥング『それこそが目標への道』、シャープ『政治的戦略家としてのガンディー』等）。

テヘランで投獄の危険を冒しながらも、ユルゲン・ハーバーマス、リチャード・ローティ、ノーム・チョムスキーなどの著名な学者を招聘し、東西の文化交流を図ってイランの民主化を推進する哲学者・活動家のラミン・ジャハンベグルーは、ダライ・ラマ一四世も一目を置く、恐らく現代世界で最も重要なガンディー思想の継承者の一人と言えよう（『ガンディアン・モーメント』、『ある哲学者がイラン刑務所を生き残る』等）。

ガンディーの非暴力思想の現代的意義を考察していく上で不可欠なことは、その思想の綿密な研究と反省を繰り返し、それを批判的に継承していくことである。言うまでもなく、これら現在のガンディー思想の継承者たちの理論や活動もまた、少なからぬ限界を有するものである。肝心なことは、ガンディー自身の言葉にあった通り、非暴力思想に対する解釈の絶えざる修正と変容である。仮に「ガンディー主義」といったものが存在しうるならば、それは逆説的にもガンディーの思想に対する批判的精神によってのみ可能となる。非暴力の実践者がしがみつこうとする「真実」は、常にそれ自体の中に、自己解体と再生の契機を含んでいる。これら全ての試みは、より深く「おのれを知っていくこと」という唯一の目的に向けられている。

"THE ODD THING ABOUT ASSASSINS, DR. KING, IS THAT THEY THINK THEY'VE KILLED YOU."

1968年のキング暗殺後、『シカゴ・サンタイムズ』紙に掲載された著名な漫画家のビル・モールディンのイラスト。下の方に、「キングさん、おかしなことに暗殺者たちはあなたを殺したと思っているようですよ」というガンディーのセリフが見られる。これは肉体が滅びても、二人の思想は不滅であることを、モールディンがユーモラスに表現したものである。

謝辞

本書の執筆に当たっては多くの方々の御助力を賜った。まずは本書の話を持ちかけ、刊行まで尽力して下さった筑摩書房の藤岡美玲氏に厚く御礼申し上げたい。また、コロナ下で渡印が困難な中、グジャラートの友人であるアナント・ラートード氏とデリーのサンヤム・ミシュラ先生からは、本書の研究に有用な北（西）インドの様々な現地資料を送っていただいた。ドイツのマックス・プランク研究所のピーター・ファン・デル・ヴィアー先生、滋賀県立大学の棚瀬慈郎先生とジョン・リピー先生には本書執筆に当たっての最善の研究環境をご提供いただいた。心からの謝意をお伝えしたい。そして、筆者を常にそばで支えてくれた最愛の妻の麻里に、言葉に表し切れない感謝の気持ちを伝えたい。

James Hunt, "On the Negro's Place in Nature," *The Anthropological Review*, 3, pp. 53–54, 1865.
Jawaharlal Nehru, *Toward Freedom: The Autobiography of Jawaharlal Nehru*, The John Day Company, 1941.
Joseph Doke, *M. K. Gandhi*, G. A. Natesan, 1909.
Louis Fischer, *The Life of Mahatma Gandhi*, Jonathan Cape, 1951.
મુકુલભાઈ કલરથી, શ્રીમદ રાજચંદ્ર અને ગાંધીજી, અમદાવાદ: ગુજરાત વિદ્યાપીઠ, 2000.
Rajmohan Gandhi, *Gandhi: The Man, His People, and the Empire*, University of California Press, 2008.
શ્રીમદ્ રાજચંદ્ર, મોક્ષમાળા（解脱の言葉）, અગાસ: શ્રીમદ્ રાજચંદ્ર આશ્રમ, 2010（1887）.
Thomas Weber, *On the Salt March*, Rupa, 2009.

○第３章
Adolf Just, *Return to the Nature!*, B.Lust, 1903.
Amartya Sen, "Tagore and His India," in Anders Hallengren, ed., *Nobel Laureates in Search of Identity and Integrity*, World Scientific, 2005（2001）, pp. 177–212.
Emma Tarlo, *Clothing Matters*, University of Chicago Press, 1996.
石井一也『身の丈の経済論――ガンディー思想とその系譜』法政大学出版局、2014。
Kalelkar, Kaka., *Stray Glimpses of Bapu*, Navajivan, 1950.
M. Polak, *Mr. Gandhi*, George Allen and Unwin, 1931.
Rabindranath Tagore, "The Cult of the Charkha," *The Modern Review*, 38（3）, 1925, pp. 263–270.
S. R. Mehrotra, *The Mahatma and the Doctor: Untold Story of Dr Pranjivan Mehta, Gandhi's Greatest Friend and Benefactor*, Vakils, Feffer and Simons, 2014.
V. Templewood, *Nine Troubled Years*, Collins, 1954.

○第４章
Bhikhu Parekh, *Colonialism, Tradition, and Reform*, Sage, 1999.
E. H. Erikson, *Gandhi's Truth*, New York: Norton, 1969.
間永次郎『ガーンディーの性とナショナリズム――「真理の実験」としての独立運動』東京大学出版会、2019。
Hermann Kallenbach Papers, Group 1, Autograph and Original Letters of

Mohandas Karamchand Gandhi: Group 5, Miscellaneous Letters; Group 10, Kallenbach Correspondence with Indian Friends 1909–39; Group 11, Mehta to Kallenbach; Group 12, Correspondence of Hanna Lazar, Delhi: National Archives of India.

Hermann Kallenbach Papers, Group 1, Letters from Gandhiji, Delhi: Nehru Memorial Museum and Library.

Isa Sarid, et al., *Hermann Kallenbach: Mahatma Gandhi's Friend in South Africa*, Gandhi-Informations-Zentrum, 1997.

James D. Hunt, et al., "Spiritual Rope-Walkers: Gandhi, Kallenbach, and the Tolstoy Farm, 1910–13," *South African Historical Journal*, 58, 2007, pp. 174–202.

John Woodroffe, *Shakti and Shakta: Essays and Addresses on the Shakta Tantrashastra*, Luzac, 1918.

Joseph Lelyveld, *Great Soul: Mahatma Gandhi and His Struggle with India*, Vintage Books, 2012.

Lloyd Rudolph and Susanne Rudolph, *Gandhi: Traditional Roots of Charisma*, University of Chicago Press, 1983.

Madhu Kishwar, "Gandhi on Women," *Economic and Political Weekly*, 20 (40), 1985, pp. 1691–1702.

M. N. Dvivedi, *The Yoga-Sutras of Patanjali*, Theosophical Publication, 1890.

Pyarelal, *Mahatma Gandhi: The Last Phase*, Navajivan, 1956.

શ્રીમદ્ રાજચંદ્ર, શ્રીમદ્ રાજચંદ્ર, અગાસ: શ્રીમદ્ રાજચંદ્ર આશ્રમ, 1951.

Vivekananda, *Raja Yoga or Conquering the Internal Nature*, Nababibhakar Press, 1908 (1896).

○第5章

Shahid Amin, *Event Metaphor, Momory: Chauri Chaura, 1922-1992*, University of California Press, 1995.

Ayesha Jalal, *The Sole Spokesman: Jinnah, the Muslim League and the Demand for Pakistan*, Cambridge University Press, 1994.

B. Srinivasa Murthy, ed., *Mahatma Gandhi and Leo Tolstoy Letters*, Long Beach Publications, 1987.

Faisal Devji, *The Impossible Indian: Gandhi and the Temptation of Violence*, Harvard University Press, 2012.

Leo Tolstoy, "The Kingdom of God Is Within You," in Aylmer Maude, ed. and trans., *The Kingdom of God and Peace Essays*, Oxford University Press, 1960 (1894), pp. 1-460.
મનુબહેન ગાંધી, બાપુ: મારી મા（日記［バープ──私の母］), અમદાવાદ: નવજીવન, 1949.
મનુબહેન ગાંધી, એકલો જાને રે: ગાંધીજીની નોઆખાલીની ધર્મયાત્રાની ડાયરી（日記［独り歩め──ガンディー・ジーのノアカリの宗教巡礼の日記］), અમદાવાદ: નવજીવન, 1954.
મનુબહેન ગાંધી, દિલ્લીમાં ગાંધીજી, ભાગ પહેલો（日記［デリーにおけるガンディー・ジー、1巻］), અમદાવાદ: નવજીવન, 1964.
મનુબહેન ગાંધી, દિલ્લીમાં ગાંધીજી, ભાગ બીજો（日記［デリーにおけるガンディー・ジー、2巻］), અમદાવાદ: નવજીવન, 1966.
Muller, Max, *Ramakrishna*, Hansebooks, 1898.
Nathuram Godse, *May It Please Your Honour*, Surya Prakashan, 1989.
P. Bamford, *Histories of the Non-Co-operation and Khilafat Movements*, K. K. Book Distributors, 1985.
R. Hitchcock, *Peasant Revolt in Malabar*, Usha, 1983.
Saiyid, M. H., *Mohammad Ali Jinnah*, S. M. Ashraf, 1945.
Shruti Kapila, eds., *Political Thought in Action: The Bhagavad Gita and Modern India*, Cambridge University Press, 2013.
Swami Saradananda, *Sri Ramakrishna*, Sri Ramakrishna Math, 1952.
上村勝彦訳『バガヴァッド・ギーター』岩波書店、1992。
V. D. Savarkar, *Hindutva: Who Is a Hindu?*, Hindi Sahitya Sadan, 2009 (1928).
वी. डी. सावरकर, मोपला अर्थात मुझे इससे क्या?（मालाबार का भीषण रक्तपात व हिन्दू वेदनाओं का मार्मिक उपन्यास）（モープラー、なぜ気にかけねばならないか), दिल्ली: वेद विद्या शोध संस्थान, 2016.

○第6章

ચંદુલાલ ભગુભાઈ દલાલ, હરિલાલ ગાંધી: "એક દુઃખી આત્મ"（［ハリラール・ガンディー──ある］病める魂を持つ者), અમદાવાદ: સાબરમતી આશ્રમ સુરક્ષા સ્મારક ટ્રસ્ટ, 1977.
ચંદુલાલ ભગુભાઈ દલાલ, ગાંધીજીની દક્ષિણ આફ્રિકાની લડત, 5 ભાગ, અમદાવાદ, ગુજરાત વિદ્યા સભા, 1956-58.
Kasturba Gandhi National Memorial Trust, *Report for the Two Years 1944 and 1945*, Kasturba Gandhi National Memorial Trust, 1946.
નીલમ પરીખ, ગાંધીજીનું ખોવાયેલું ધન: હરિલાલ ગાંધી（［ガンディー・ジーの失われた財産──］ハリラール・ガンディー), અમદાવાદ: નવજીવન, 1998.

Rajmohan Gandhi, *The Good Boatman: A Portrait of Gandhi*, Penguin Books, 1995.
Tushar Gandhi, ed., *The Lost Diary of Kastur, My Ba*, HarperCollins, 2022.
Uma Dhupelia-Mesthrie, *Gandhi's Prisoner? The Life of Gandhi's Son Manilal*, Orient Longman, 2005.

○終章
Arne Naess, *Gandhi and the Nuclear Age*, Bedminster Press, 1965.
Arne Naess, *Ecology, Community and Lifestyle*, Cambridge University Press, 2011.
Bhikhu Parekh, *Gandhi*, Oxford University Press, 1997.
Carson, Clayborne, ed., *The Autobiography of Martin Luther King, JR.*, Grand Central Publishing, 1998.
David Hardiman, *Gandhi in His Time and Ours*, Columbia University Press, 2003.
E. F. Schumacher, *Small Is Beautiful*, Blond and Briggs, 1973.
Gene Sharp, *Gandhi as a Political Strategist*, Boston: P. Sargent Publishers, 1979.
Johan Galtung, *The Way Is the Goal*, Gujarat Vidyapith, 1992.
Madeleine Slade, *The Spirit's Pilgrimage*, Coward-MacCann, 1960.
Ramin Jahanbegloo, *Time Will Say Nothing: A Philosopher Survives an Iranian Prison*, Regina: University of Regina Press, 2014.
Ramin Jahanbegloo, *The Gandhian Moment*, Cambridge: Harvard University Press, 2013.
Romain Rolland, *Mahatma Gandhi: The Man Who Became One with the Universal Being*, George Allen and Unwin, 1924.
Vandana Shiva, *Staying Alive: Women, Ecology, and Development*, North Atlantic Books, 2016.
Vandana Shiva, *Oneness vs the 1%: Shattering Illusions, Seeding Freedom*, New Internationalist Publications, 2019.

その他、日本語の参考文献

井坂理穂「M. K. ガーンディーとグジャラートの言語・文学」『アジア・アフリカ地域研究』8（2）、2009、177-194頁。

石坂晋哉『現代インドの環境思想と環境運動——ガーンディー主義と〈つ

ながりの政治〉』昭和堂、2011。

上田知亮『植民地インドのナショナリズムとイギリス帝国観――ガーンディー以前の自治構想』ミネルヴァ書房、2014。

宇野彩子「マハトマ・ガンディーとアブドゥル・ガッファー・カーン」『アジア文化研究』別冊10、2001、33-68頁。

葛西実「サヌヤーシイの伝統とマハートマ・ガンディー」『アジア文化研究』10、1978、47-63頁。

田中敏雄「解説」M.K.ガーンディー『真の独立への道（ヒンド・スワラージ）』（田中敏雄訳）岩波書店、2001、161-177頁収録。

田中雅一『供犠世界の変貌――南アジアの歴史人類学』法藏館、2002。

田辺明生「トランスカルチュレイションとナショナリズム――ガーンディーにおける身体と政体の自己統治」、田中雅一・奥山直司編『コンタクト・ゾーンの人文学』4、晃洋書房、2013、101-127頁。

竹中千春『ガンディー――平和を紡ぐ人』岩波書店、2018。

外川昌彦「マハトマ・ガンディーと原子爆弾」『広島平和科学』36、2014、1-24頁。

内藤雅雄『ガンディー――現代インド社会との対話』明石書店、2017。

長崎暢子『ガンディー――反近代の実験』岩波書店、1996。

中島岳志『ガンディーからの〈問い〉――君は「欲望」を捨てられるか』NHK出版、2009。

林明「1920年代インドのアーンドラ地方における反英非協力運動――ガンディーとの関係を中心に」『史学雑誌』96（10）、1987、59-81頁。

松尾瑞穂「争点化するセクシュアリティ――植民地インドにおけるR.D.カルヴェーの思想と活動を中心に」『南アジア研究』21、2009、152-173頁。

森本達雄『ガンディーとタゴール』第三文明社、2019。

山折哲雄『母なるガンディー』潮出版社、2013。

写真出典一覧

写真1-1　C. Devanesen, *The Making of the Mahatma*, Orient Longman, 1969.

写真2-2　Charles W. Forward, *Fifty Years of Food Reform: A History of the Vegetarian Movement in England*, The Ideal Publishing Union, 1898.

写真2-3, ②, ③, ⑥, ⑦, 3-6, 5-1　Publications Division, Ministry of Information and Broadcasting, India, Government of India, New Delhi.

写真 3-1 Ramachandra Guha, "Churchill, the Greatest Briton, Hated Gandhi, the Greatest Indian," *The Atlantic*, 6 April, 2019.

写真①, ⑤, ⑨, 4-4, 5-5 Sabarmati Ashram Preservation and Memorial Trust, Ahmedabad.

写真⑩ Emma Tarlo, *Clothing Matters*, University of Chicago Press, 1996.

写真 3-2 Alan Mather / Alamy Stock Photo

写真 3-4 World History / 共同通信

写真 3-5 Keystone Press / Alamy Stock Photo

写真 3-7, 4-9 Dinodia Photos / Alamy Stock Photo

写真 4-1 શ્રીમદ્ રાજચંદ્ર, શ્રીમદ્ રાજચંદ્ર, અગાસ: શ્રીમદ્ રાજચંદ્ર આશ્રમ, 1951.

写真 4-2, 5-3 *Encyclopædia Britannica*

写真 4-3 J. H. Barrow, ed., *The World's Parliament of Religions*, The Parliament Publishing Company, 1893.

写真 4-5, 4-6, 4-7 Satyagraha House and Museum, Johannesburg.

写真 4-11 K. Taylor, Sir John Woodroffe, *Tantra and Bengal*, Routledge, 2001.

写真 6-1 ચંદુલાલ ભગુભાઈ દલાલ, હરિલાલ ગાંધી: "એક દુ:ખી આત્મા," અમદાવાદ: સાબરમતી આશ્રમ સુરક્ષા સ્મારક ટ્રસ્ટ, 1977.

写真 6-3 筆者撮影（2016 年 8 月）

写真 7-3 The Seeds of Vandana Shiva, Documentary Australia. https://documentaryaustralia.com.au/project/the-seeds-of-vandana-shiva/

写真 7-4 *Chicago Sun-Times*, 4 April, 1968.